Camino del jardín de Nouzhat Hassan

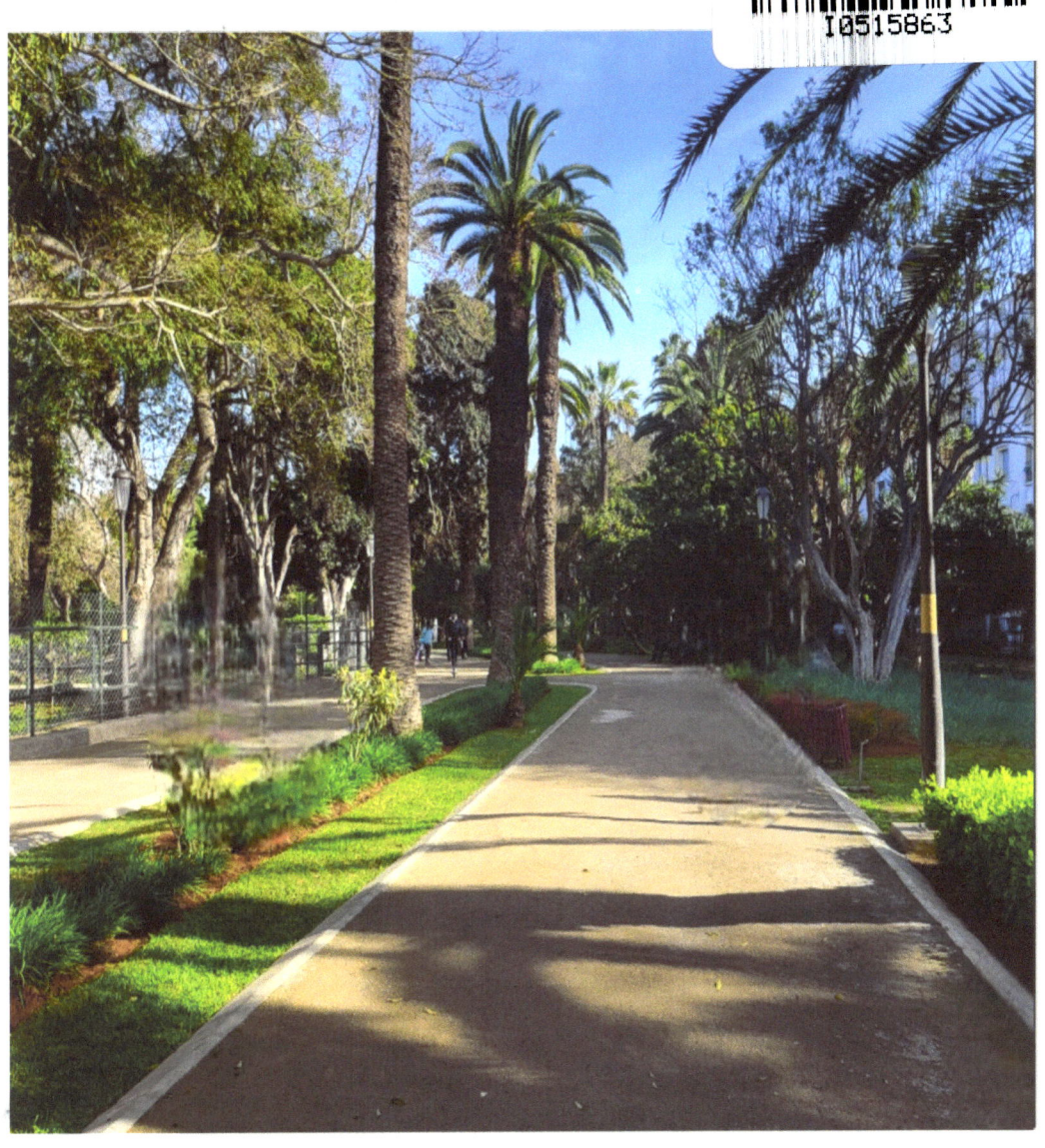

barbacoa en la calle

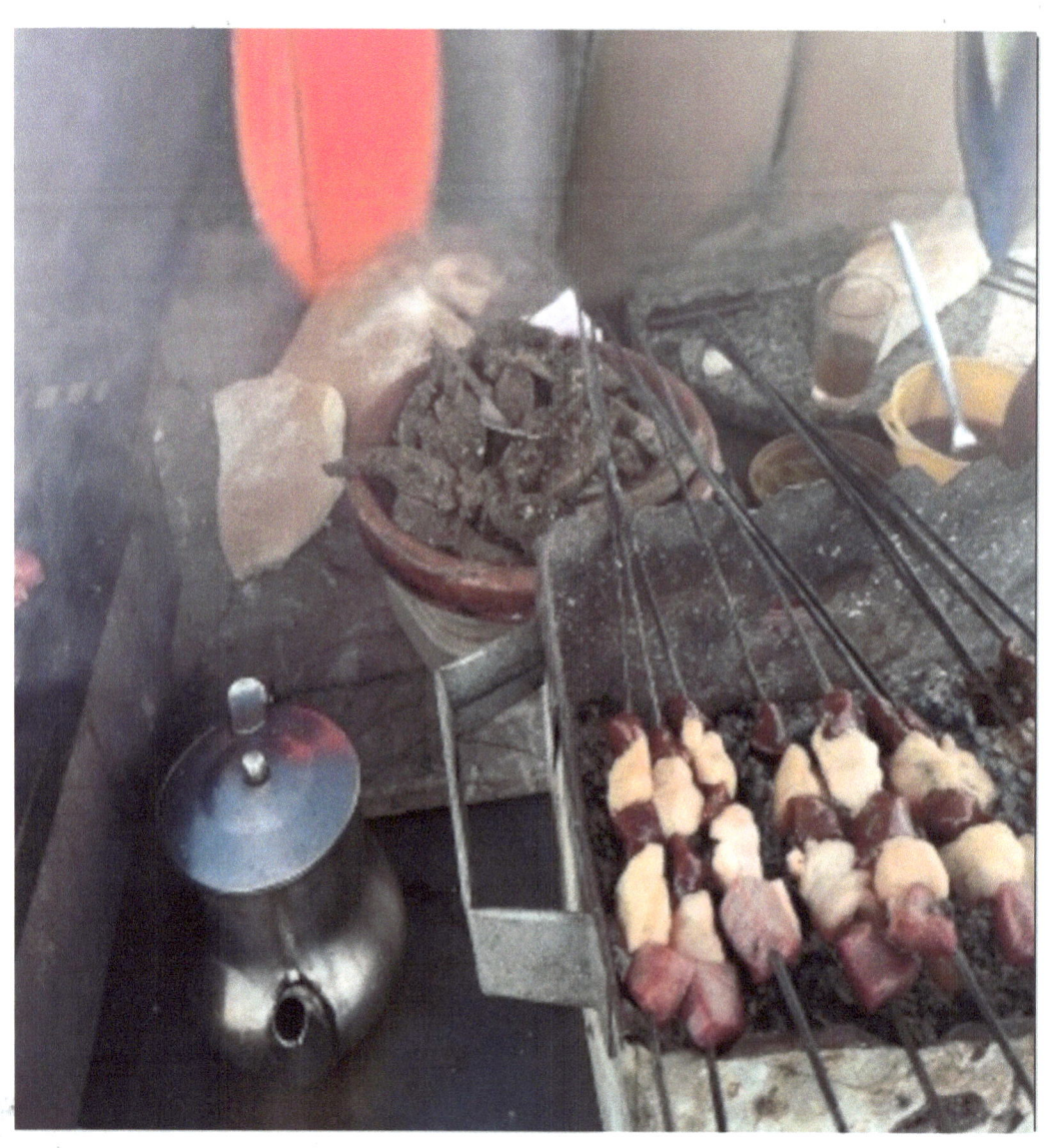

Hermosa decoración de restaurante.

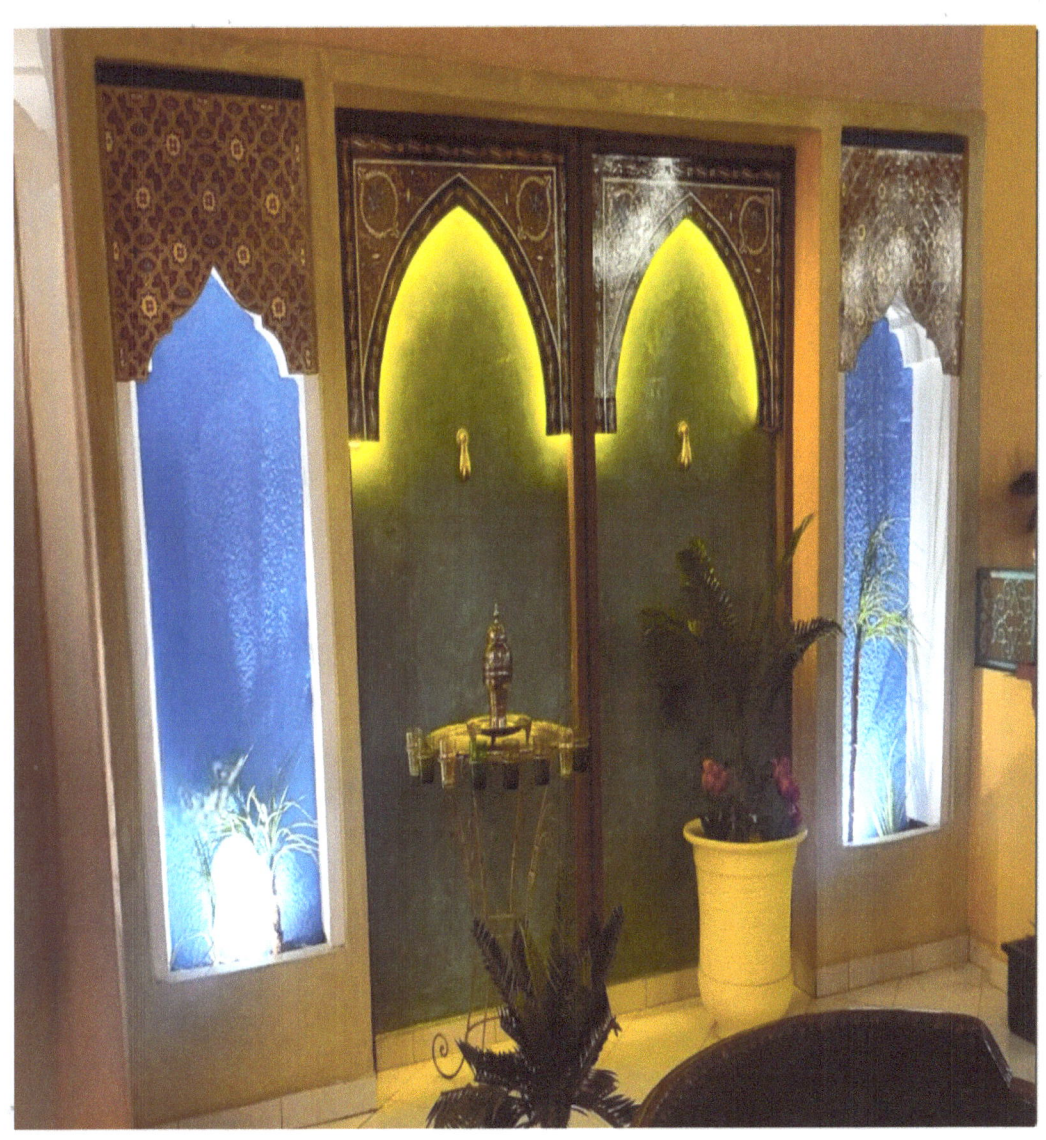

Pórtico antiguo de Casbah

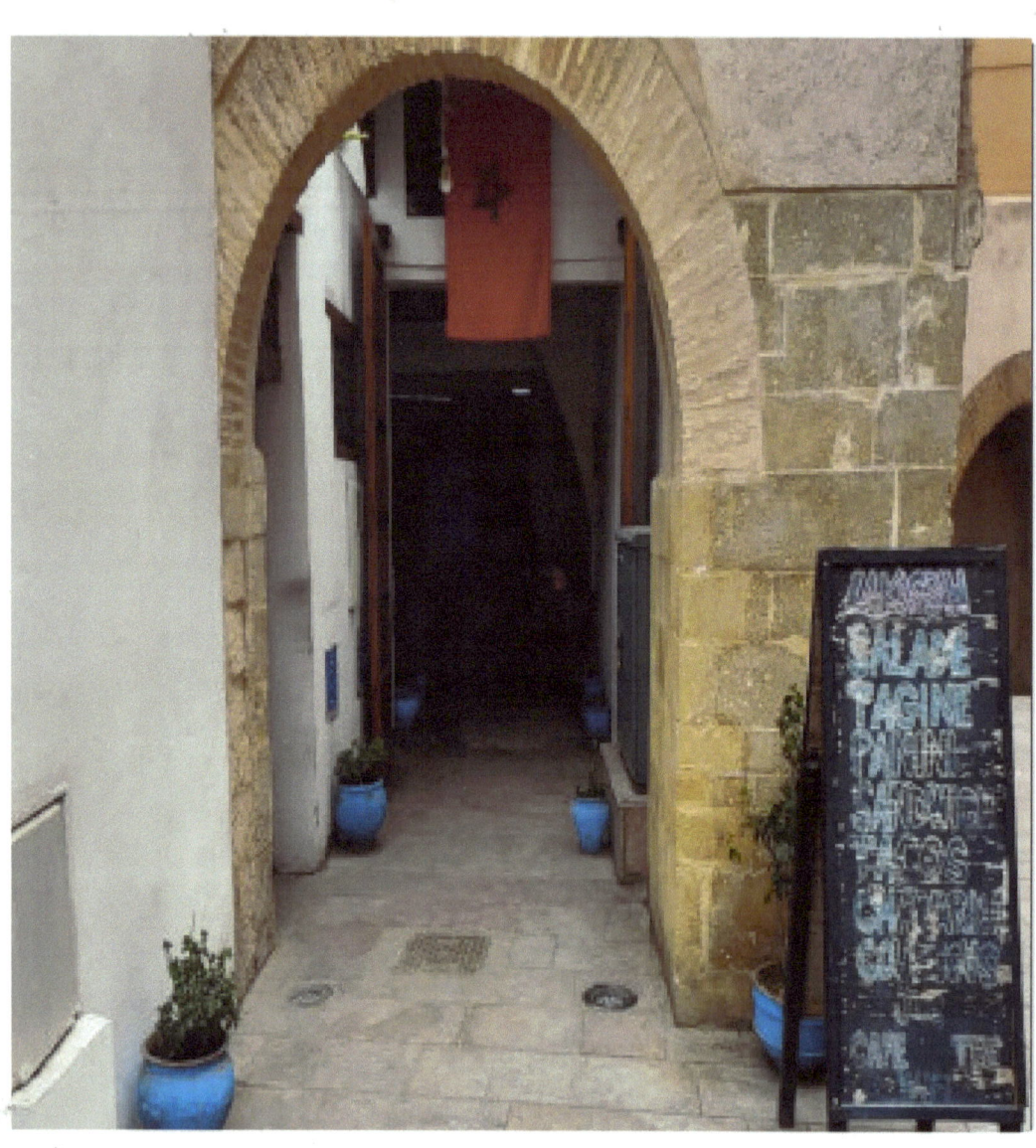

chilaba

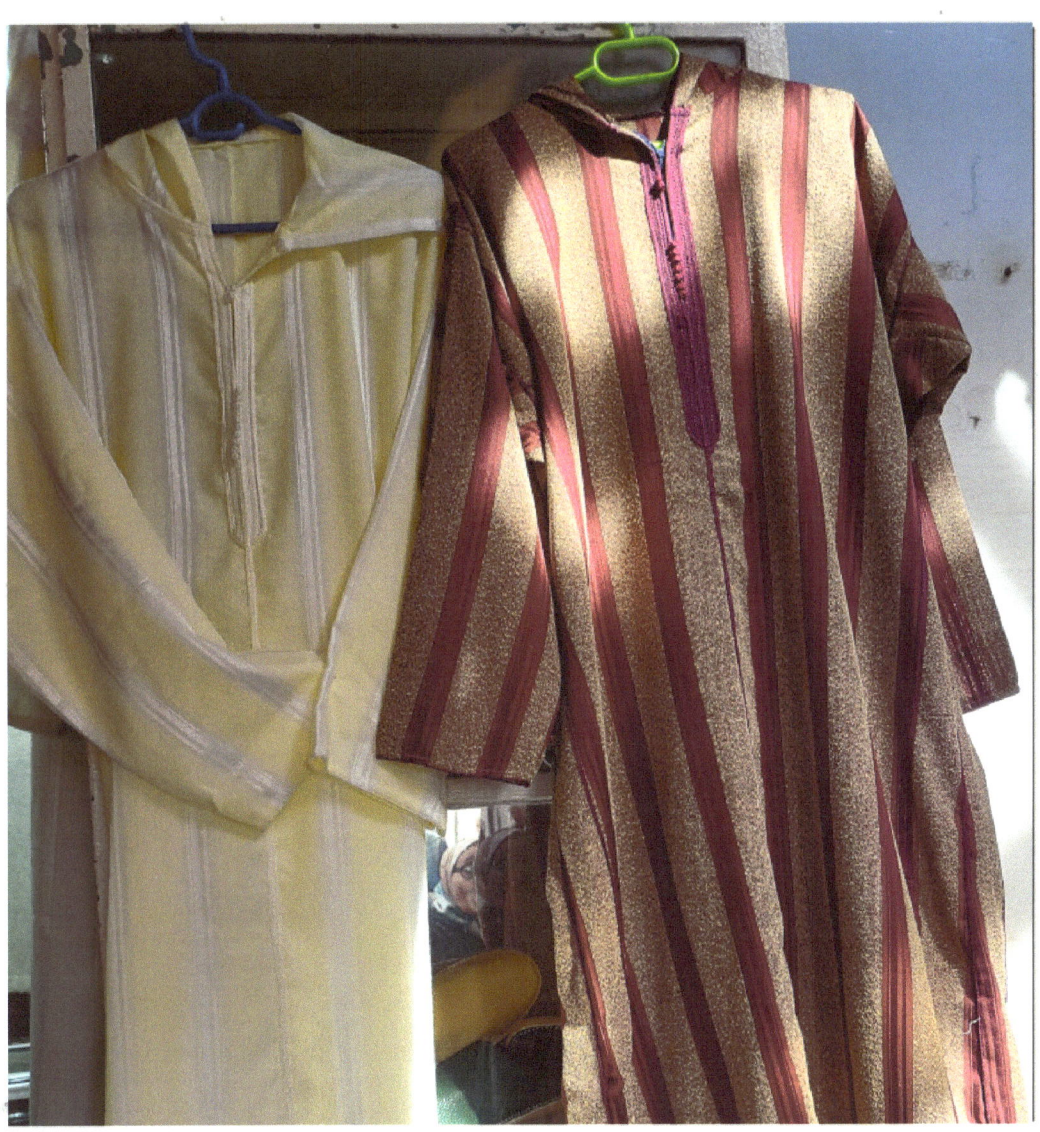

Entrada al Museo de las Artes

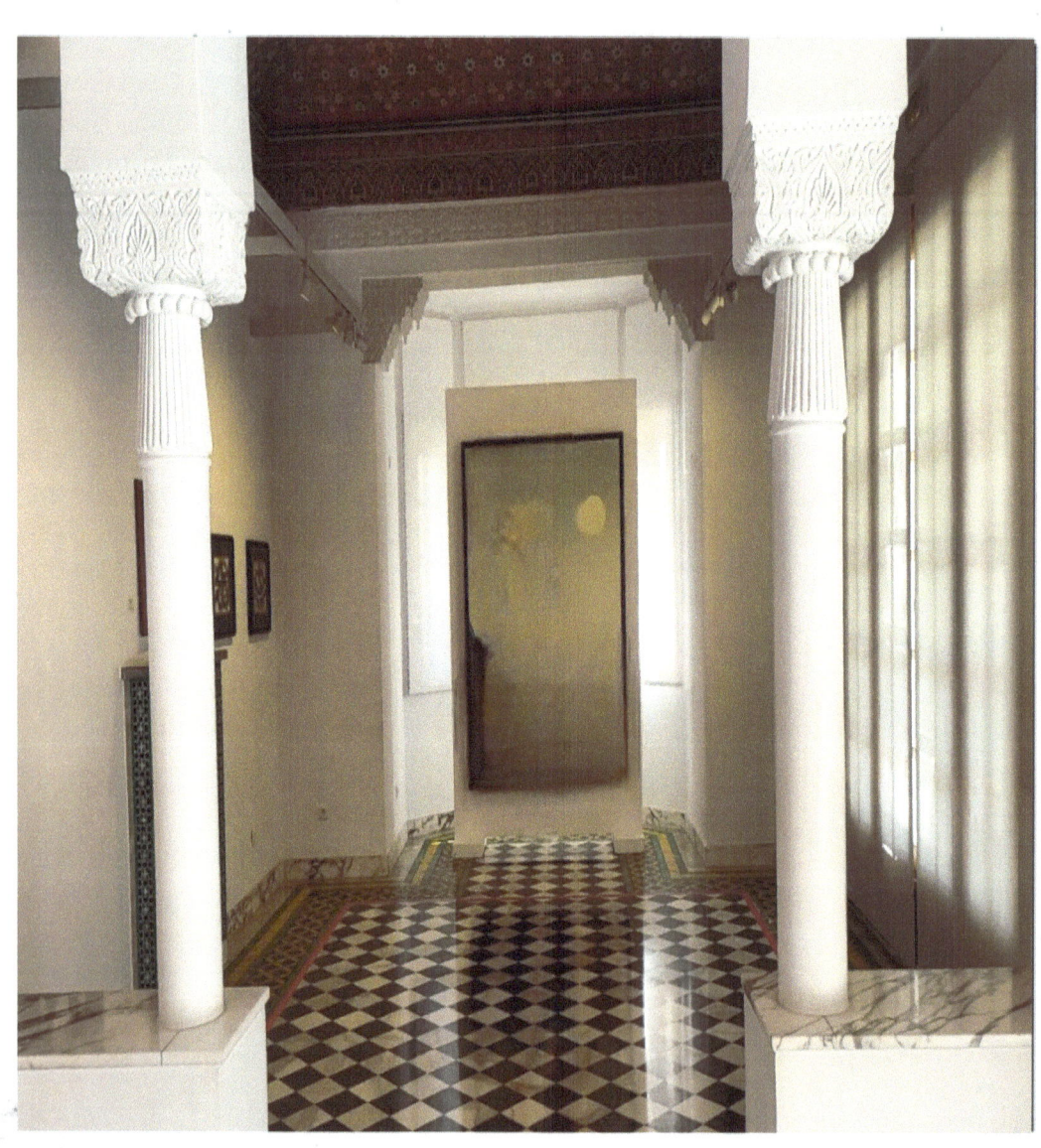

Ejemplo de edificio en Rabat

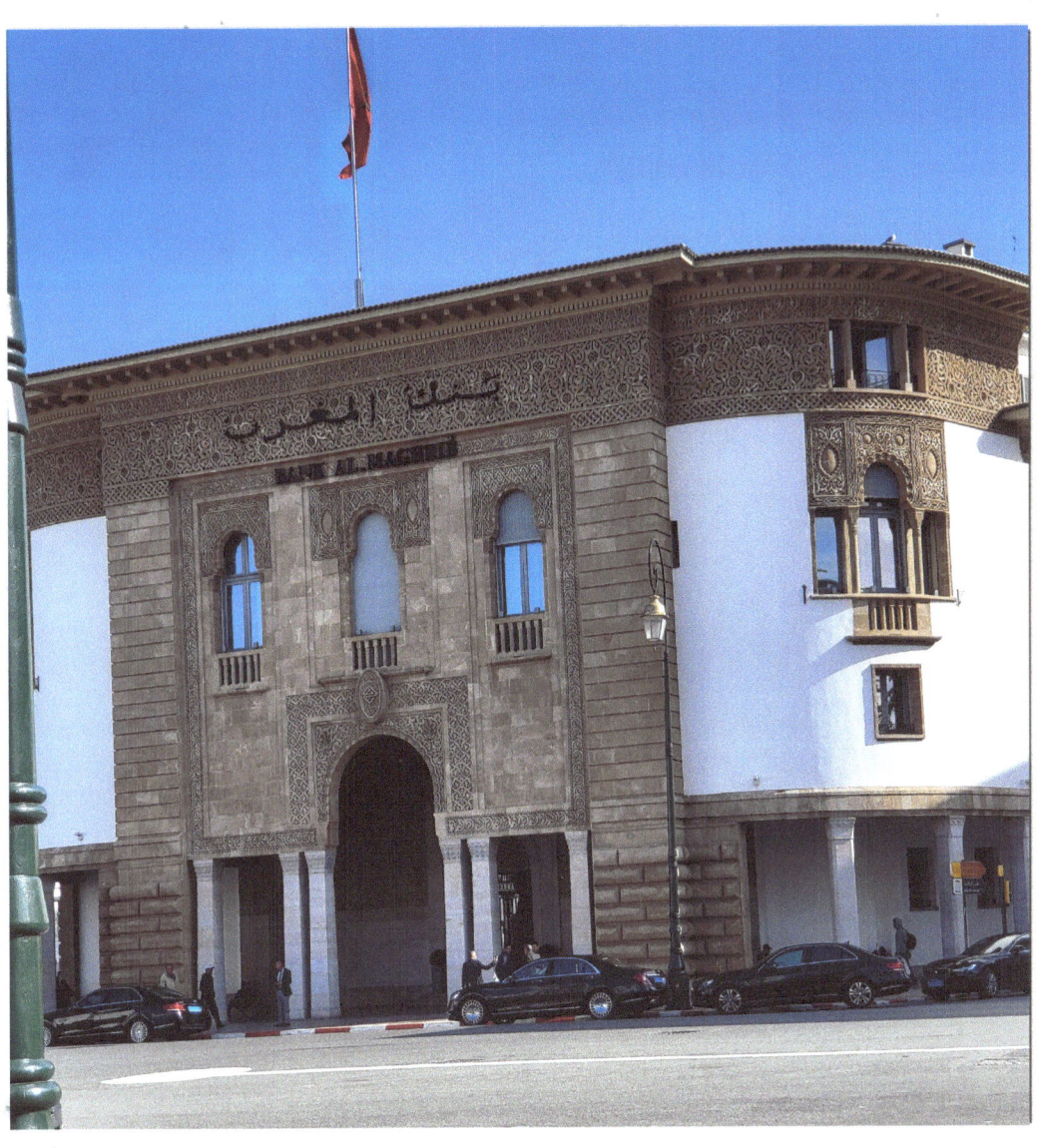

Exposición en la Kasbah

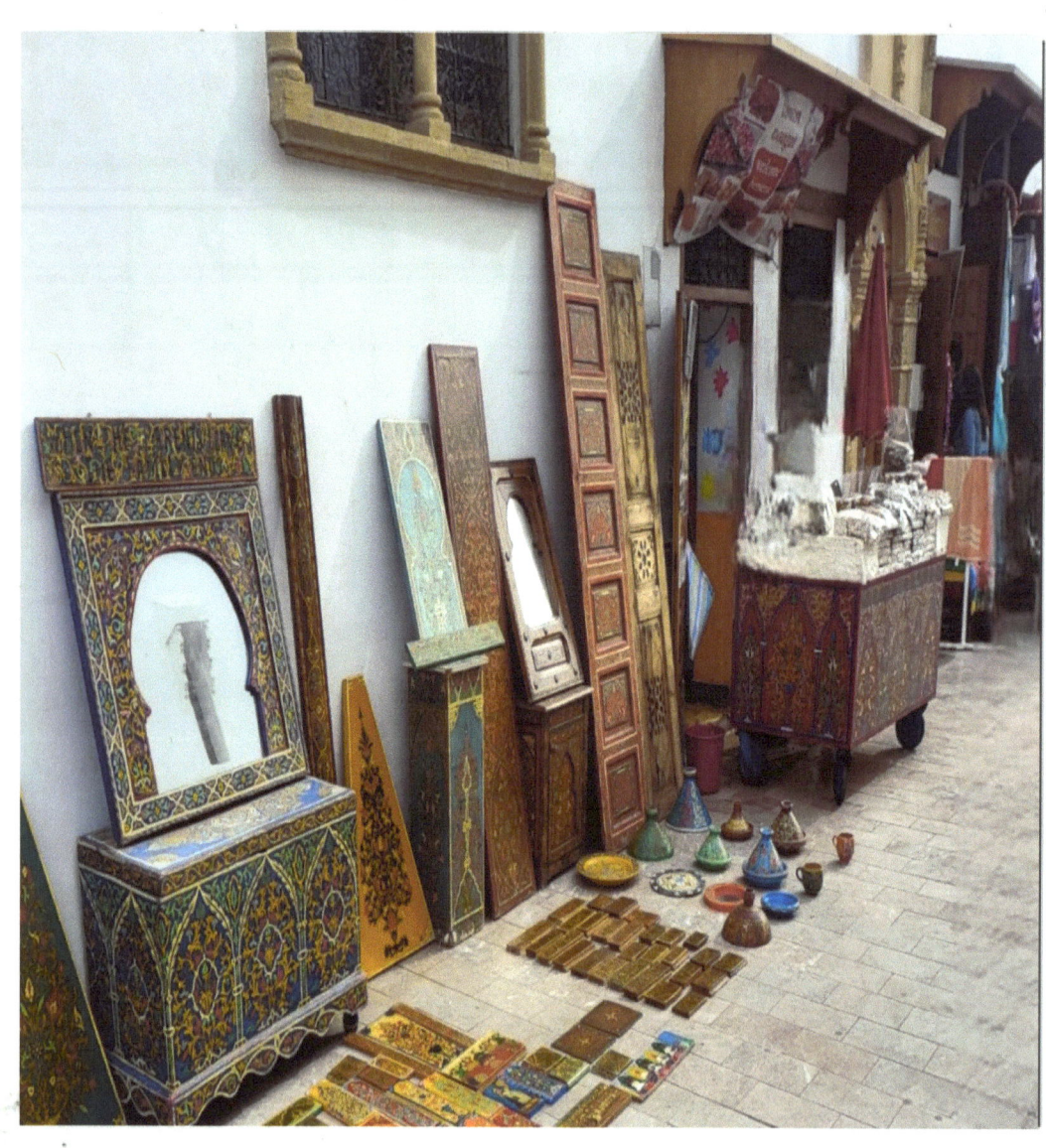

Exposición en la calle

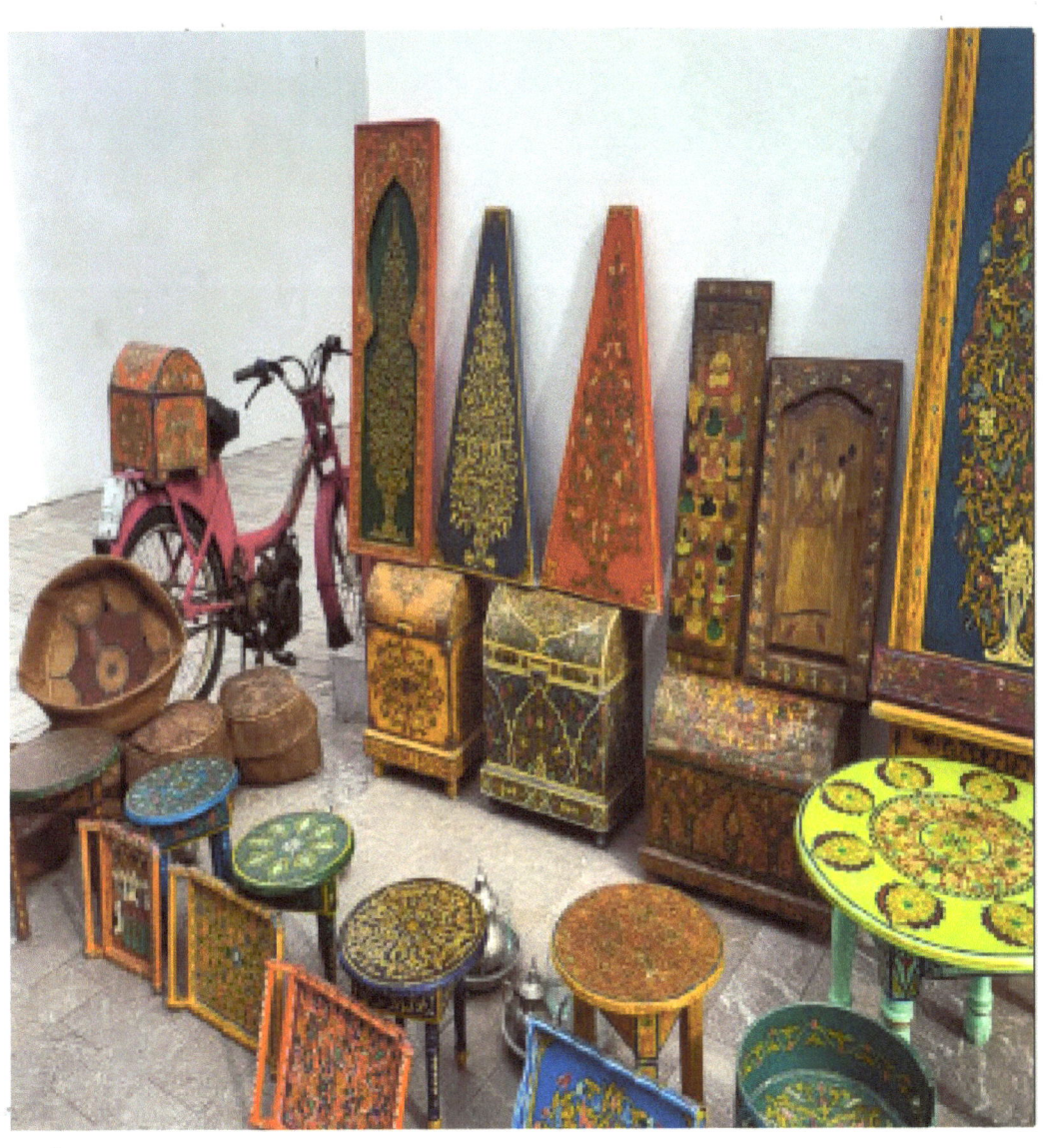

Exposición al aire libre de pinturas en la Kasbah

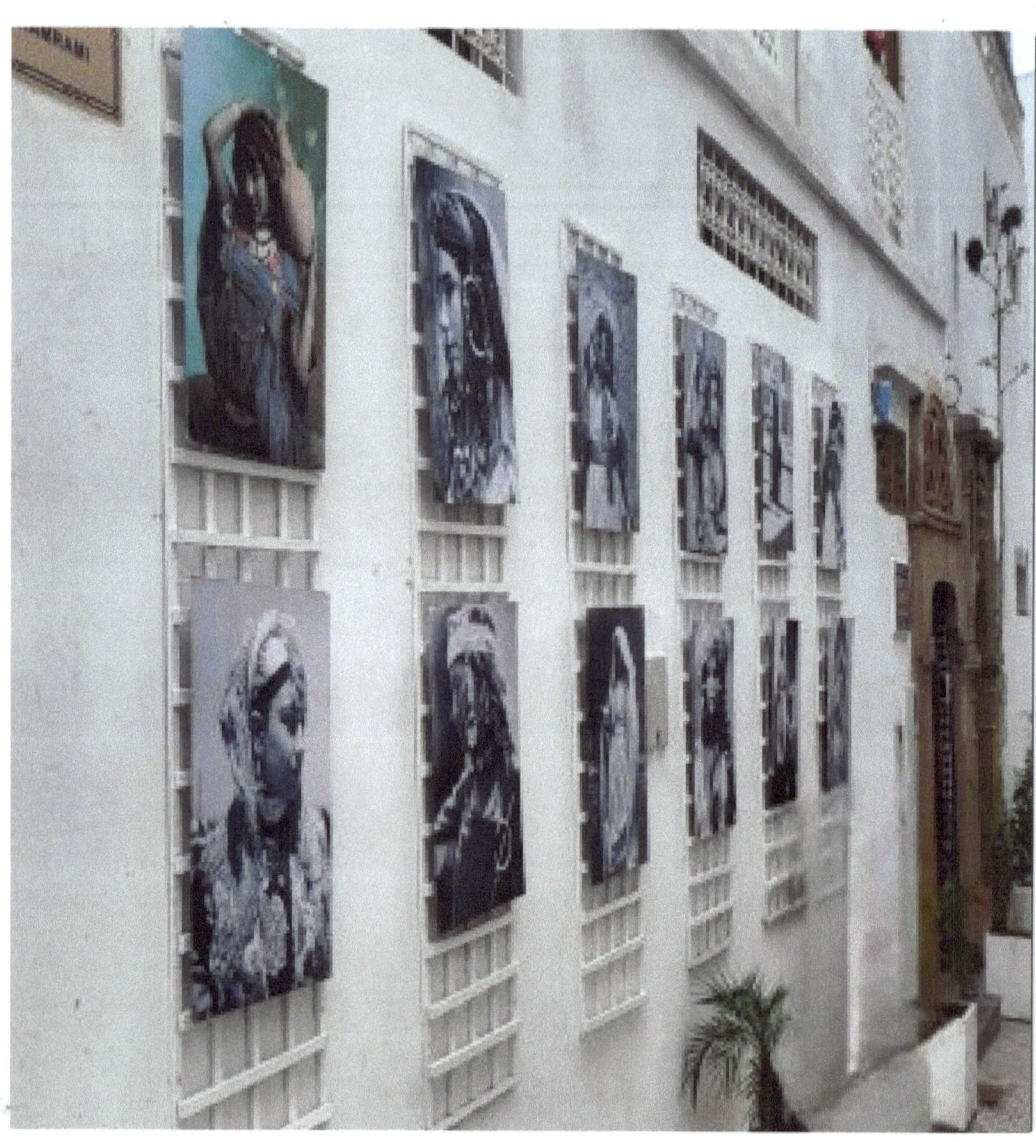

Jardín Casbah

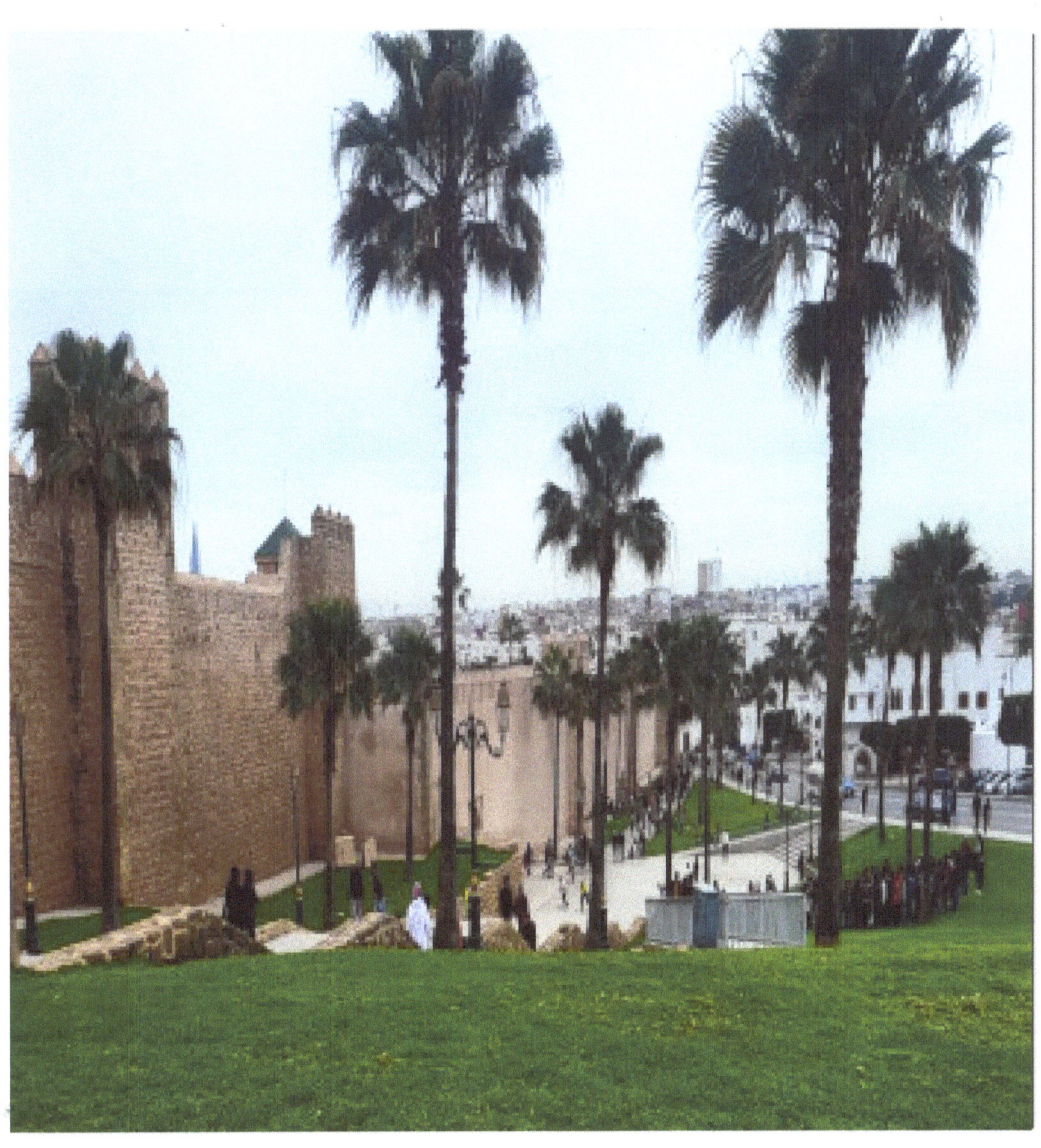

Jardin Nouzhat Hassan

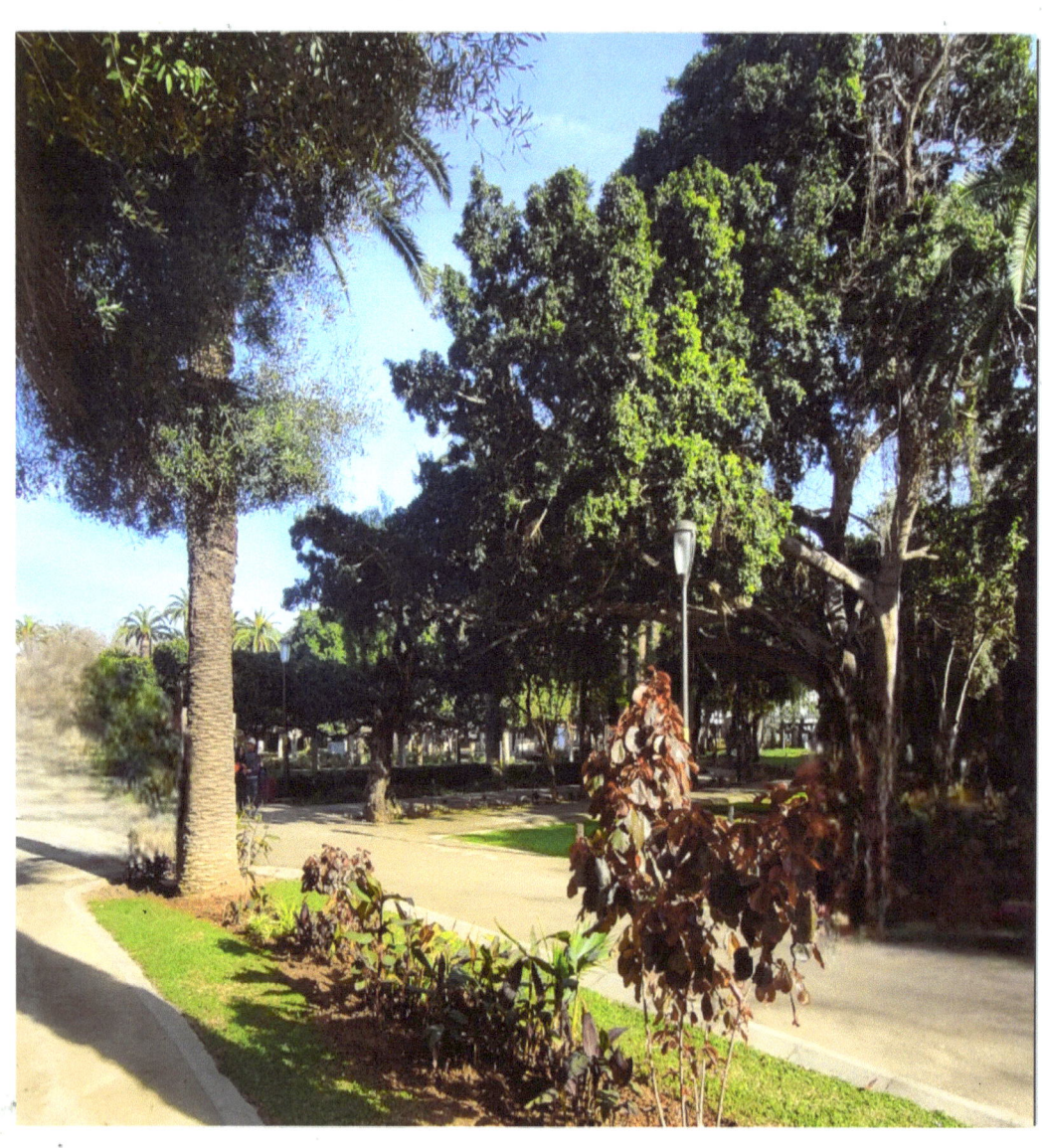

Patatas fritas kebab 4€

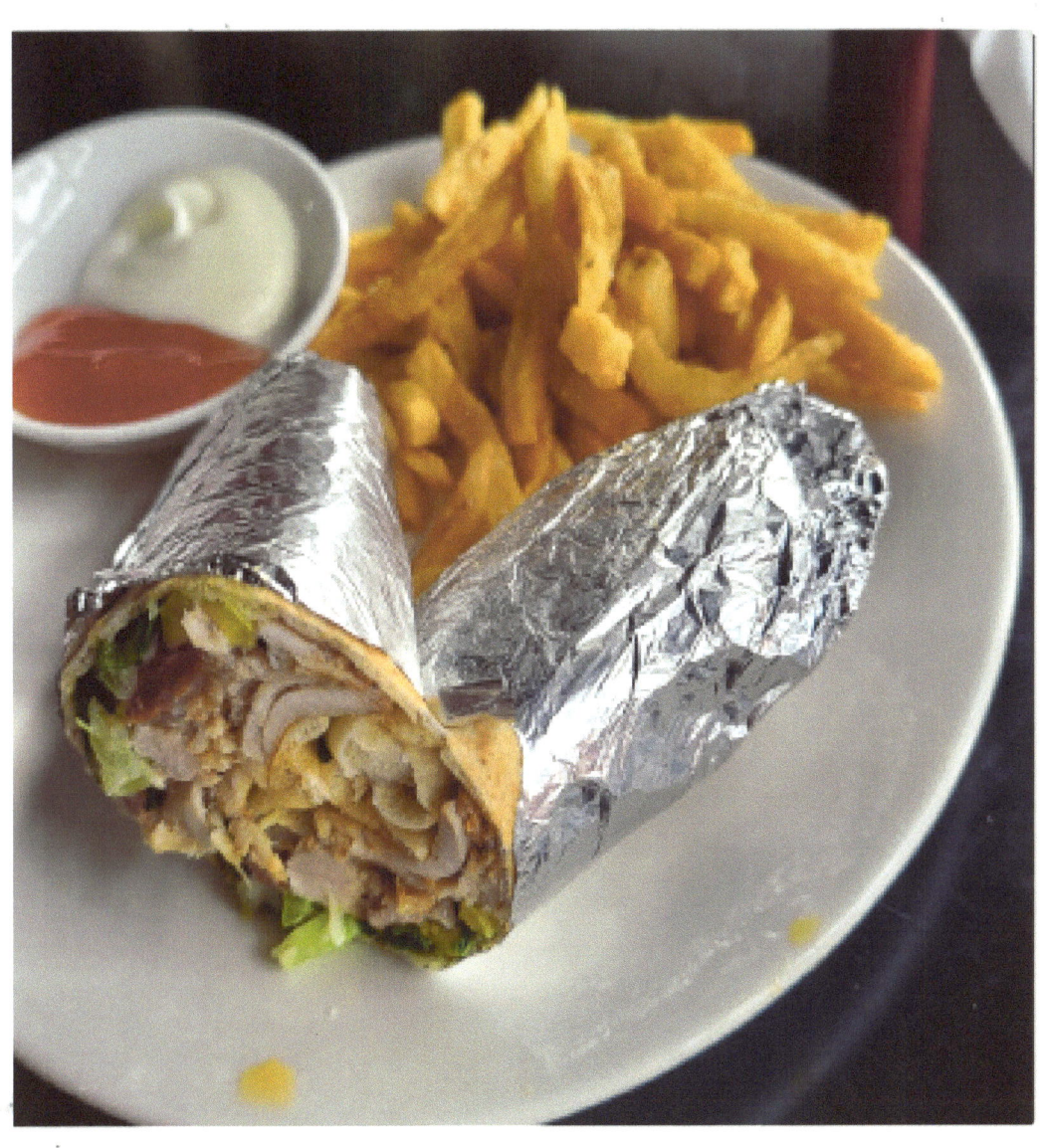

El parlamento marroquí

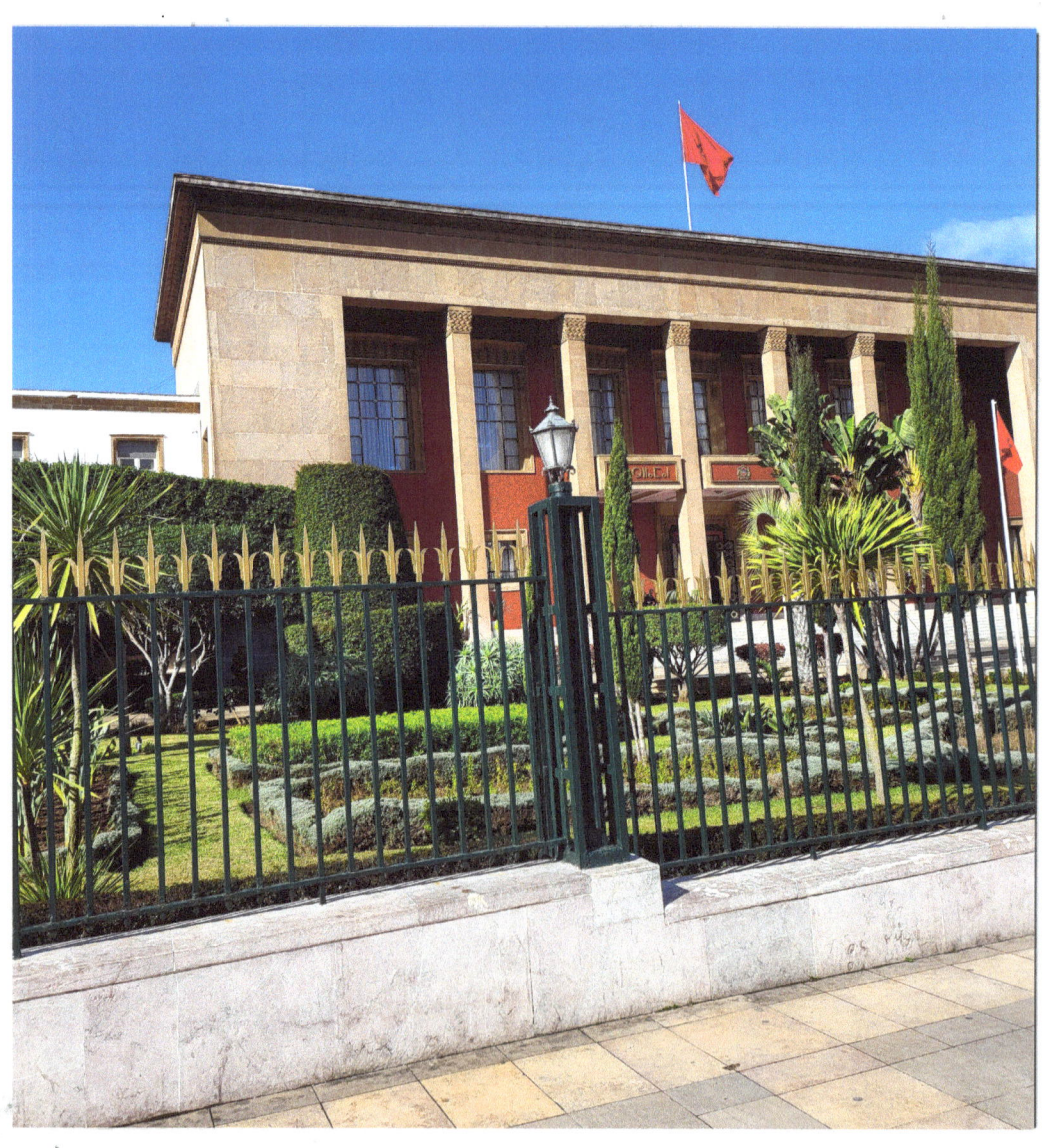

Hora del té de menta marroquí

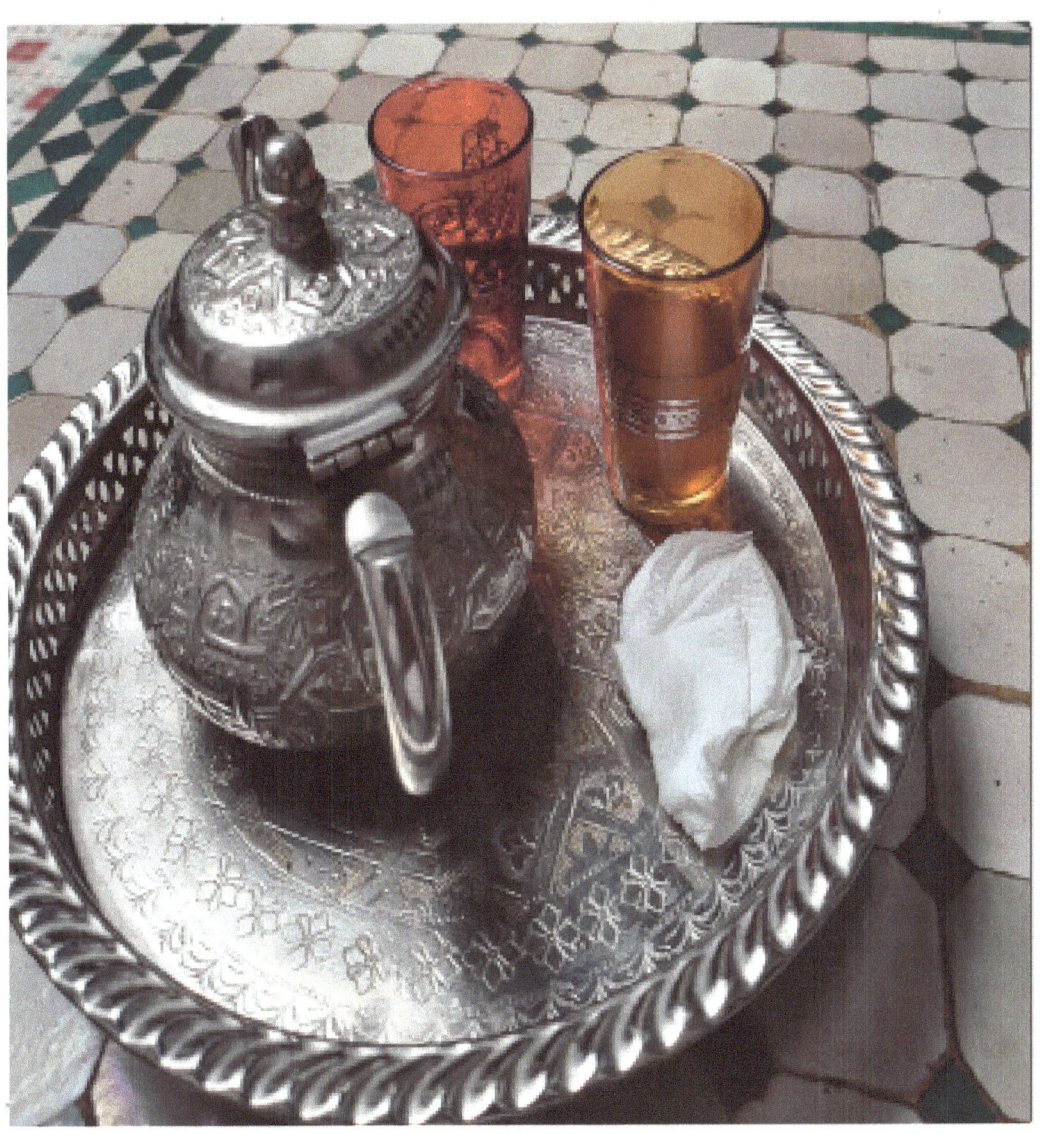

Mercado cubierto en la Medina

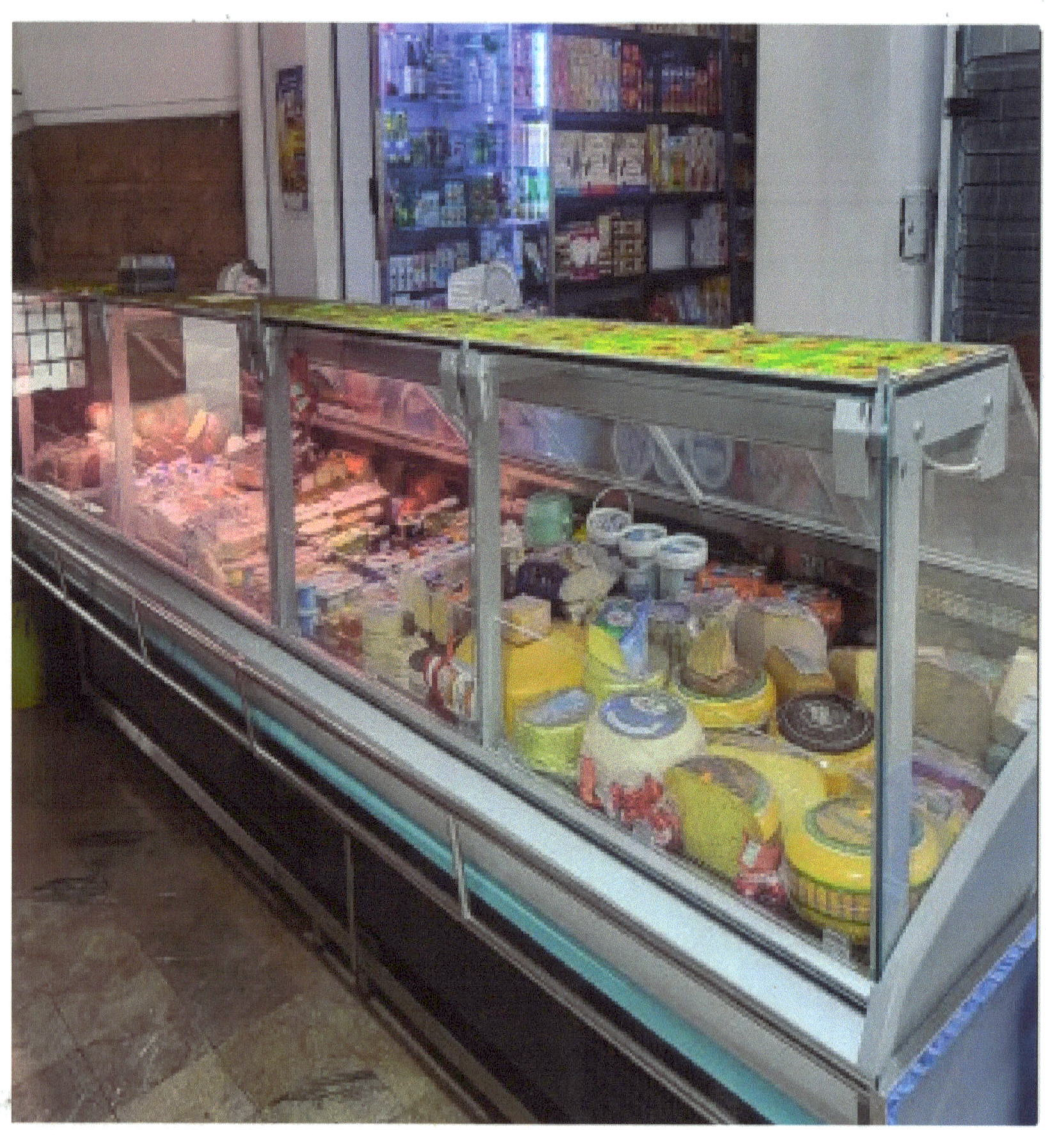

Mezquita de Assounna en la noche

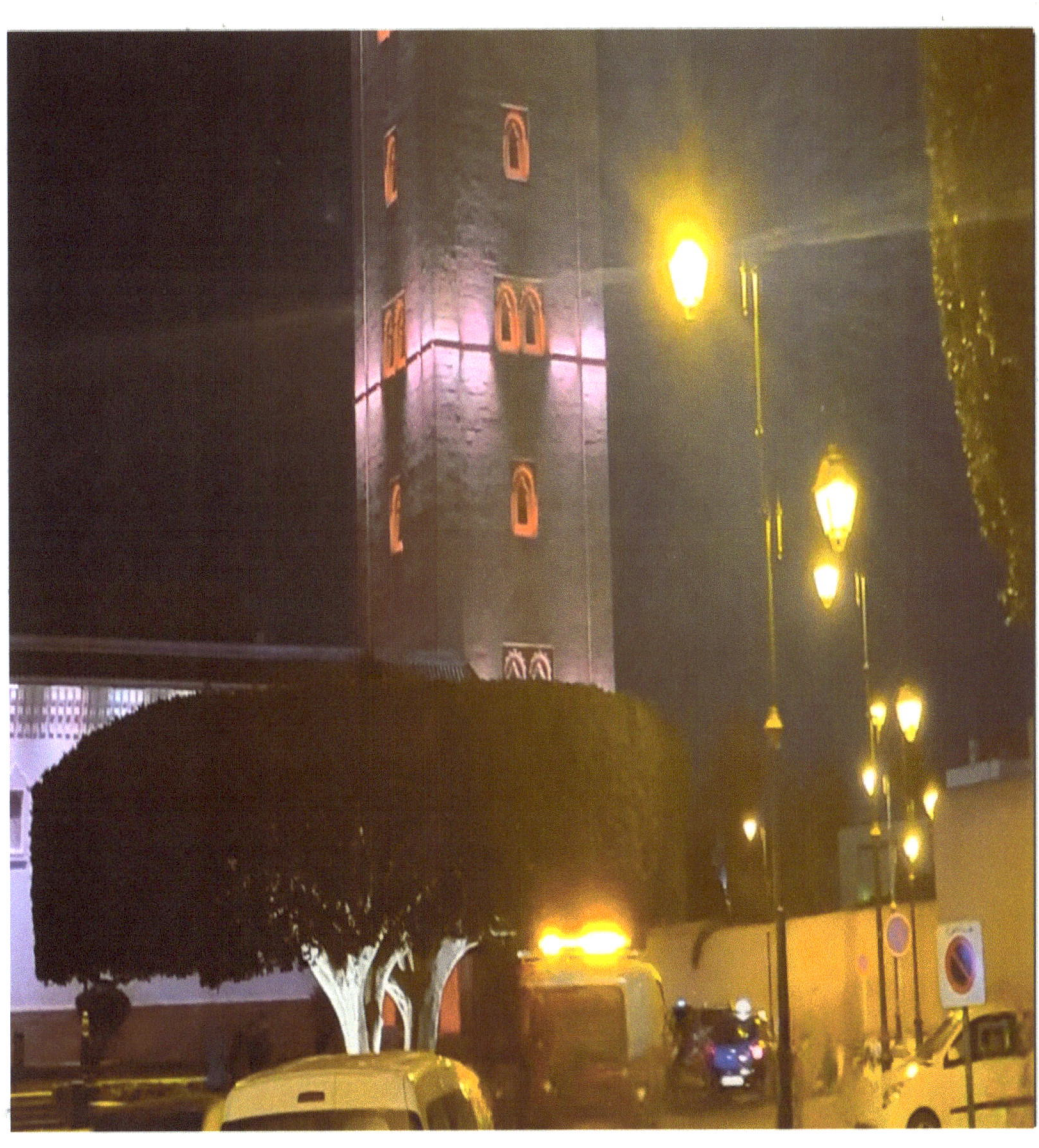

Mezquita de la Asunna

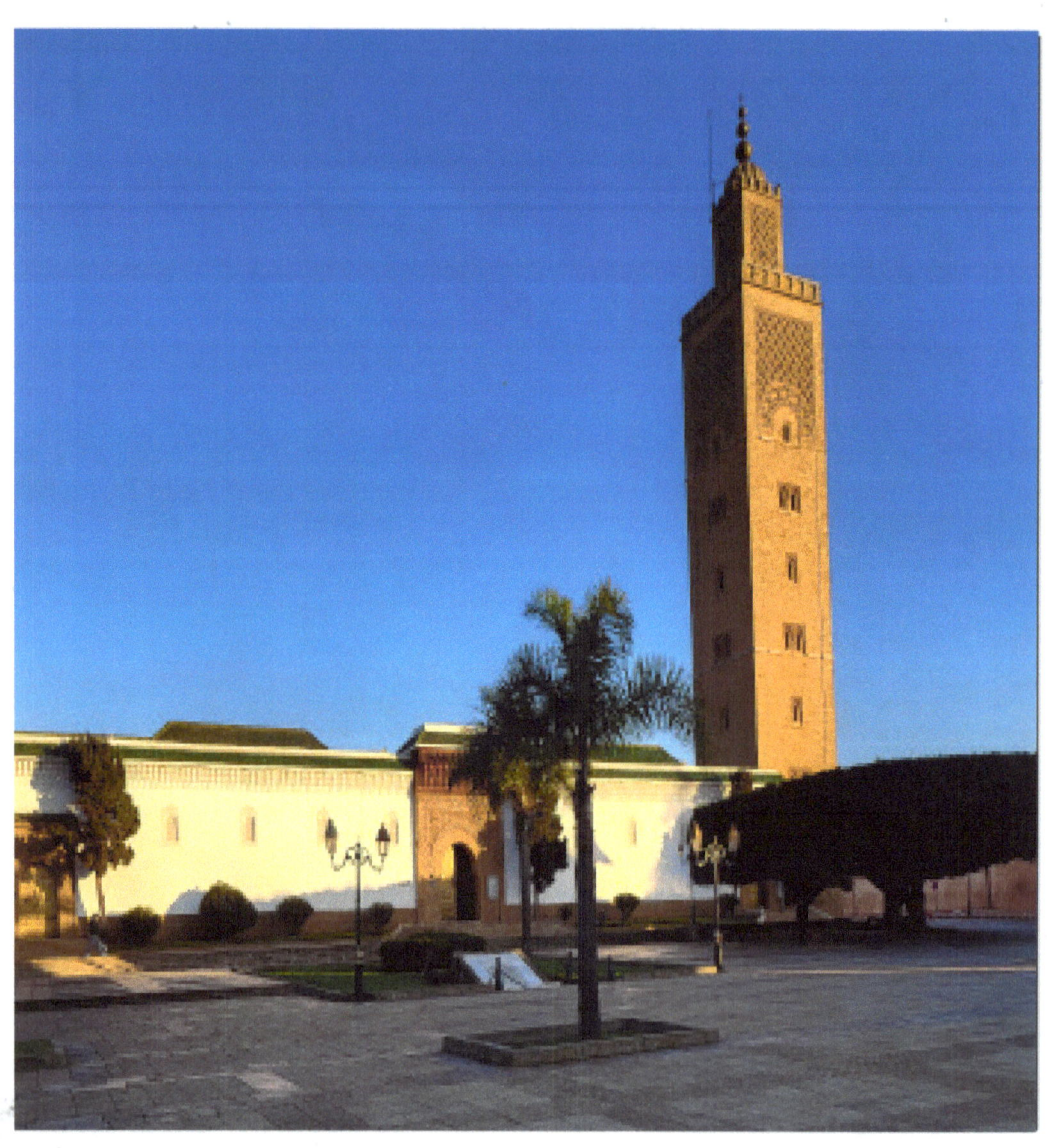

Moto en Salé – Suburbio de Rabat

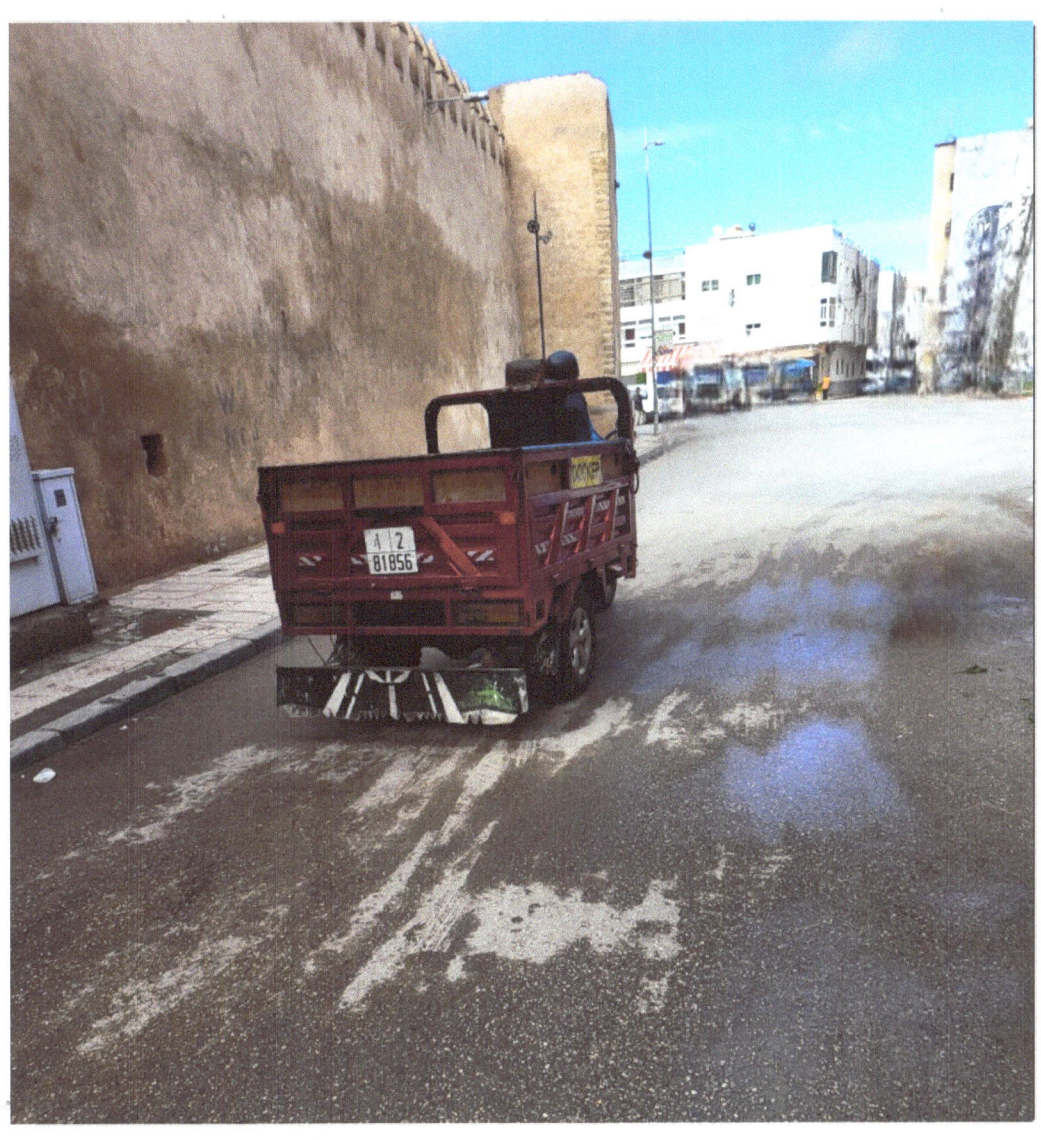

Plaza Moulay Hassan

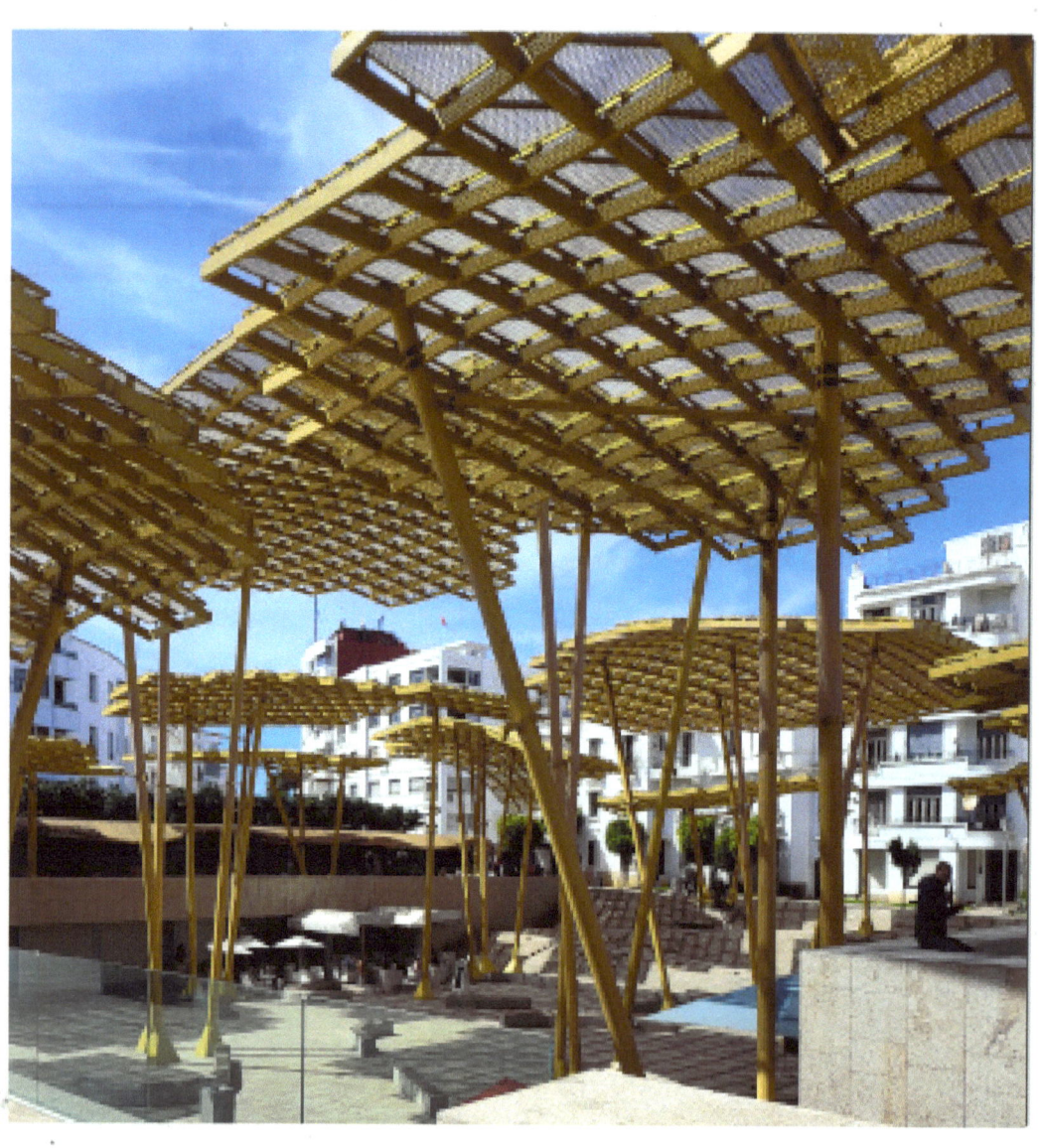

Muralla de Salé

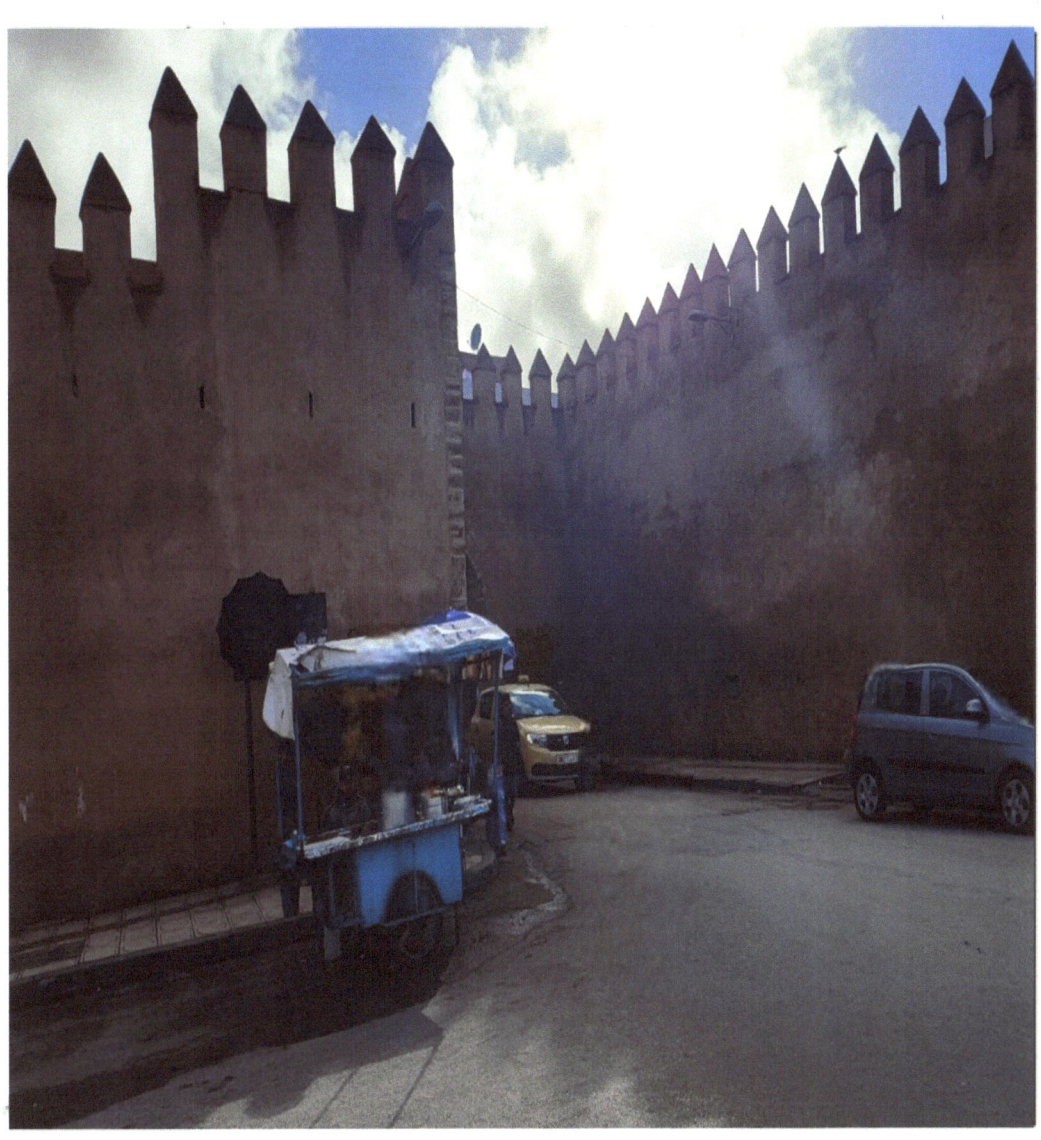

Museo de las Artes

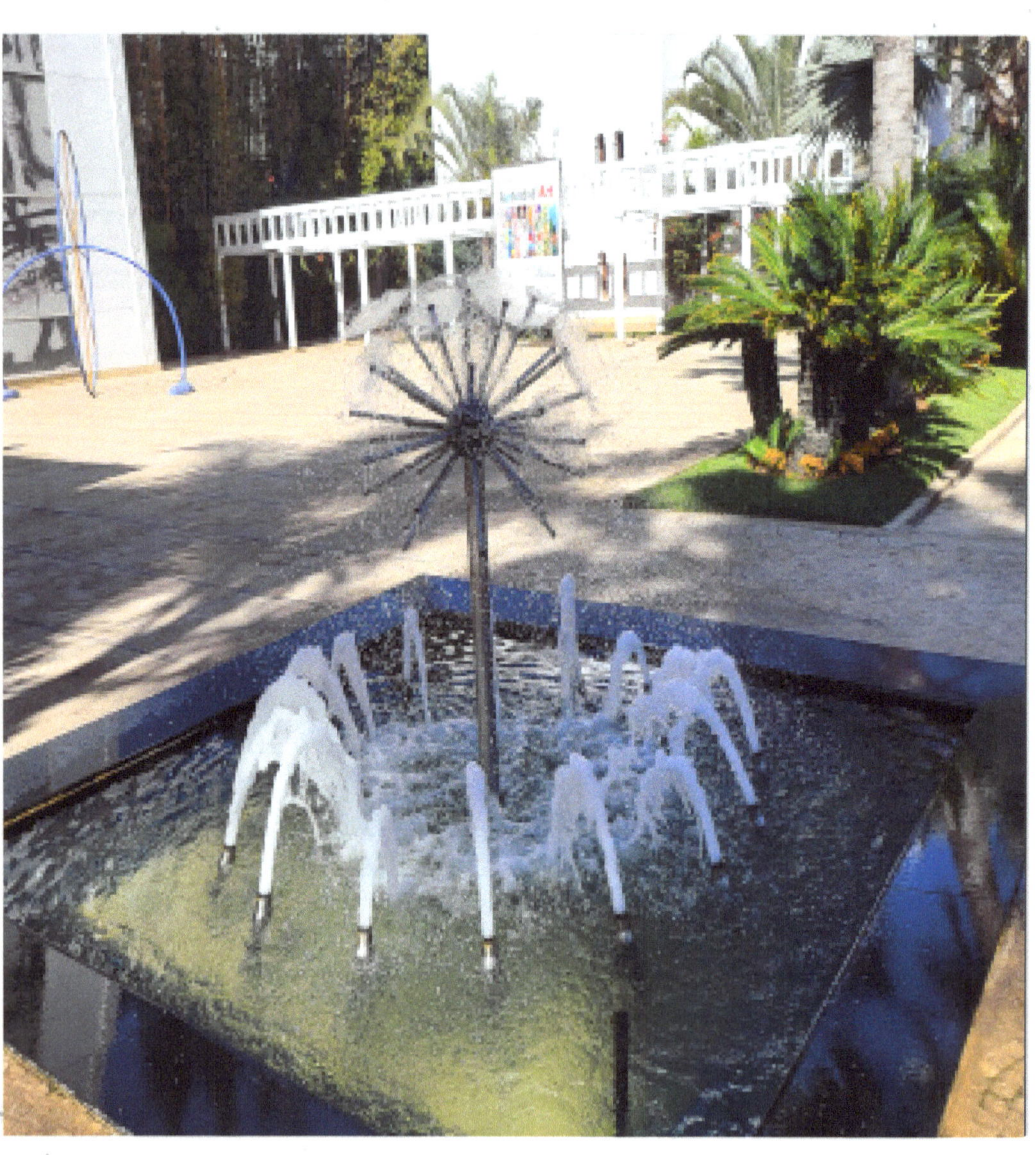

Museo Mohammad V

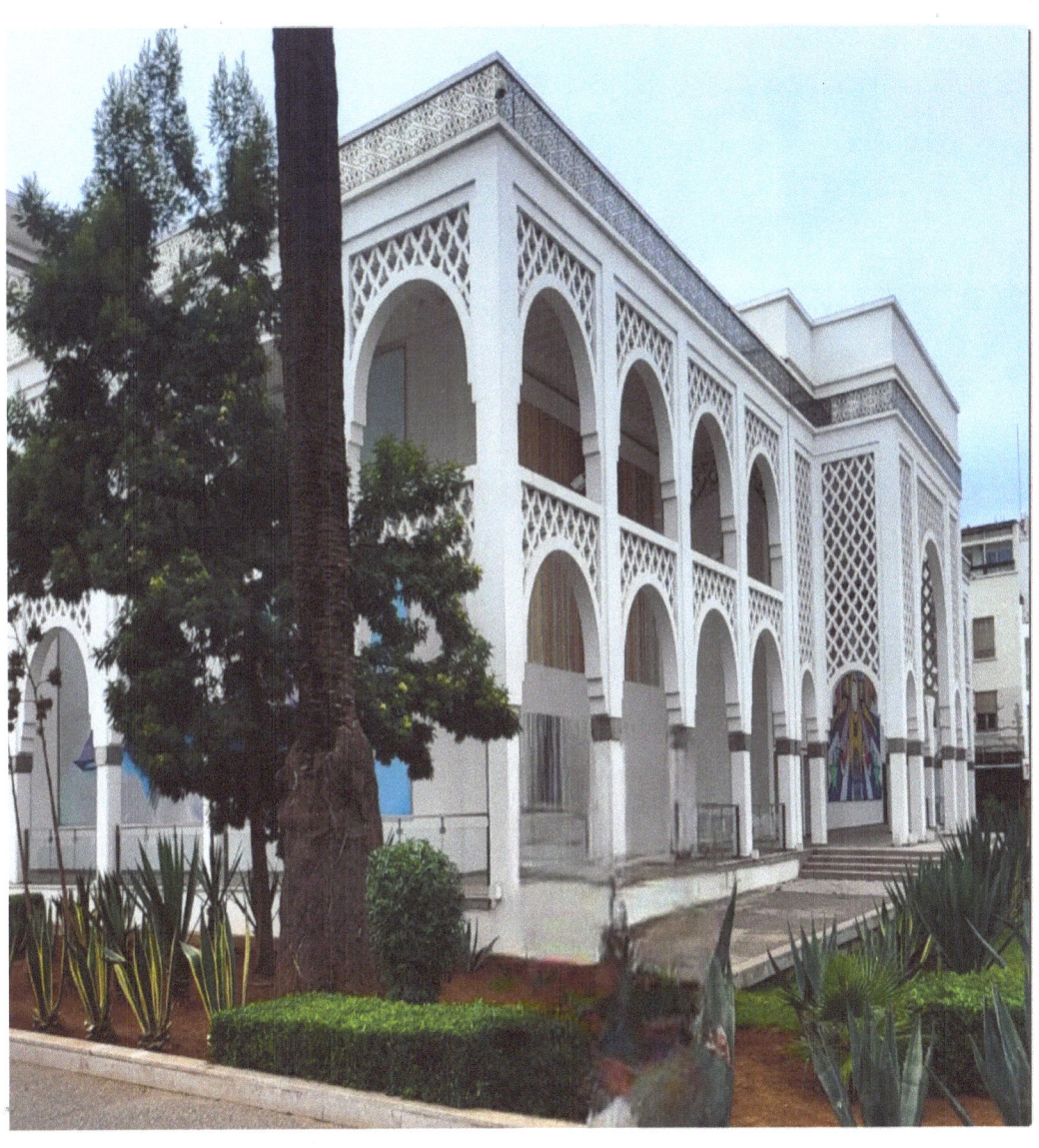

Palacio Real

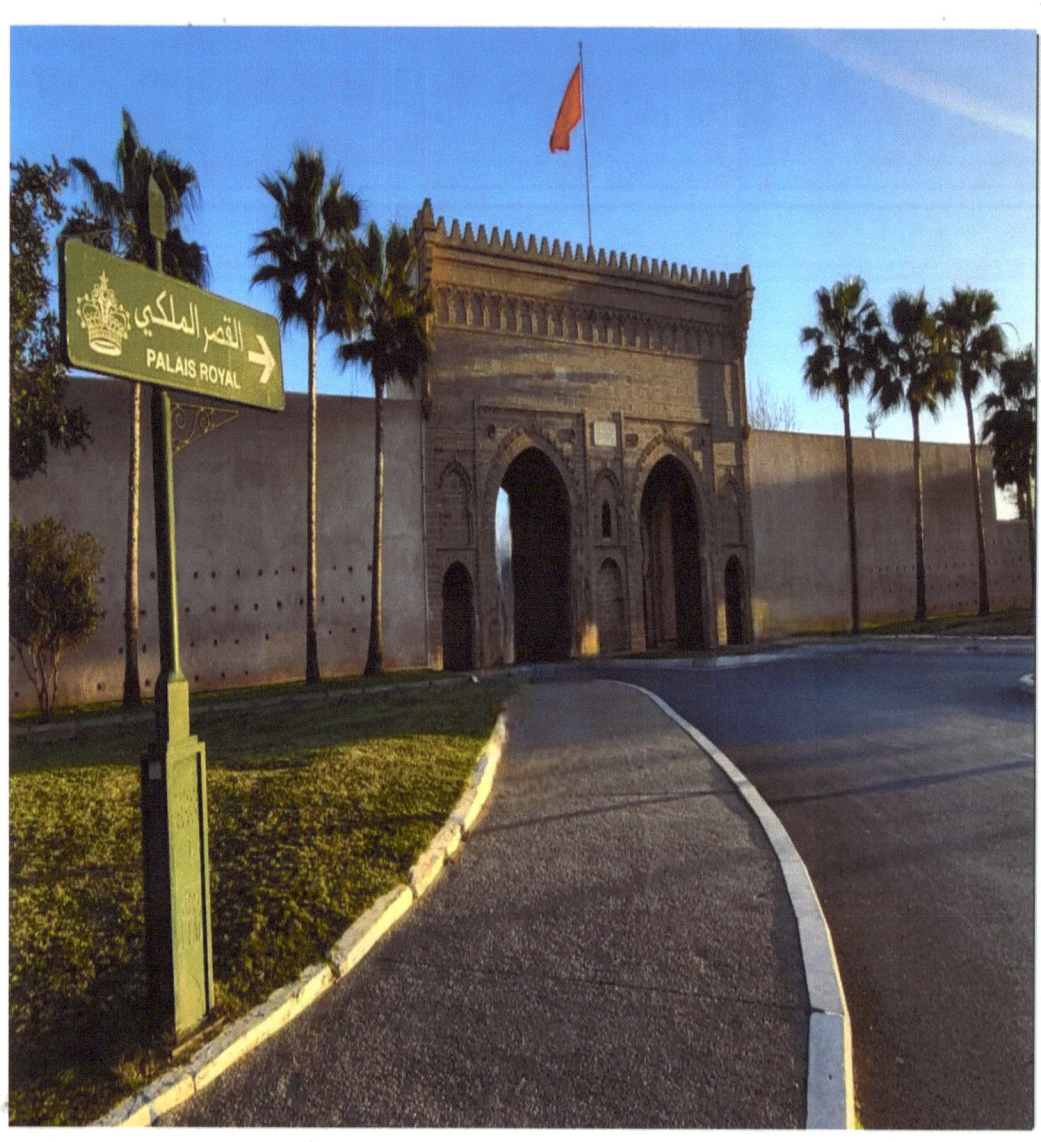

Pastelería clásica marroquí

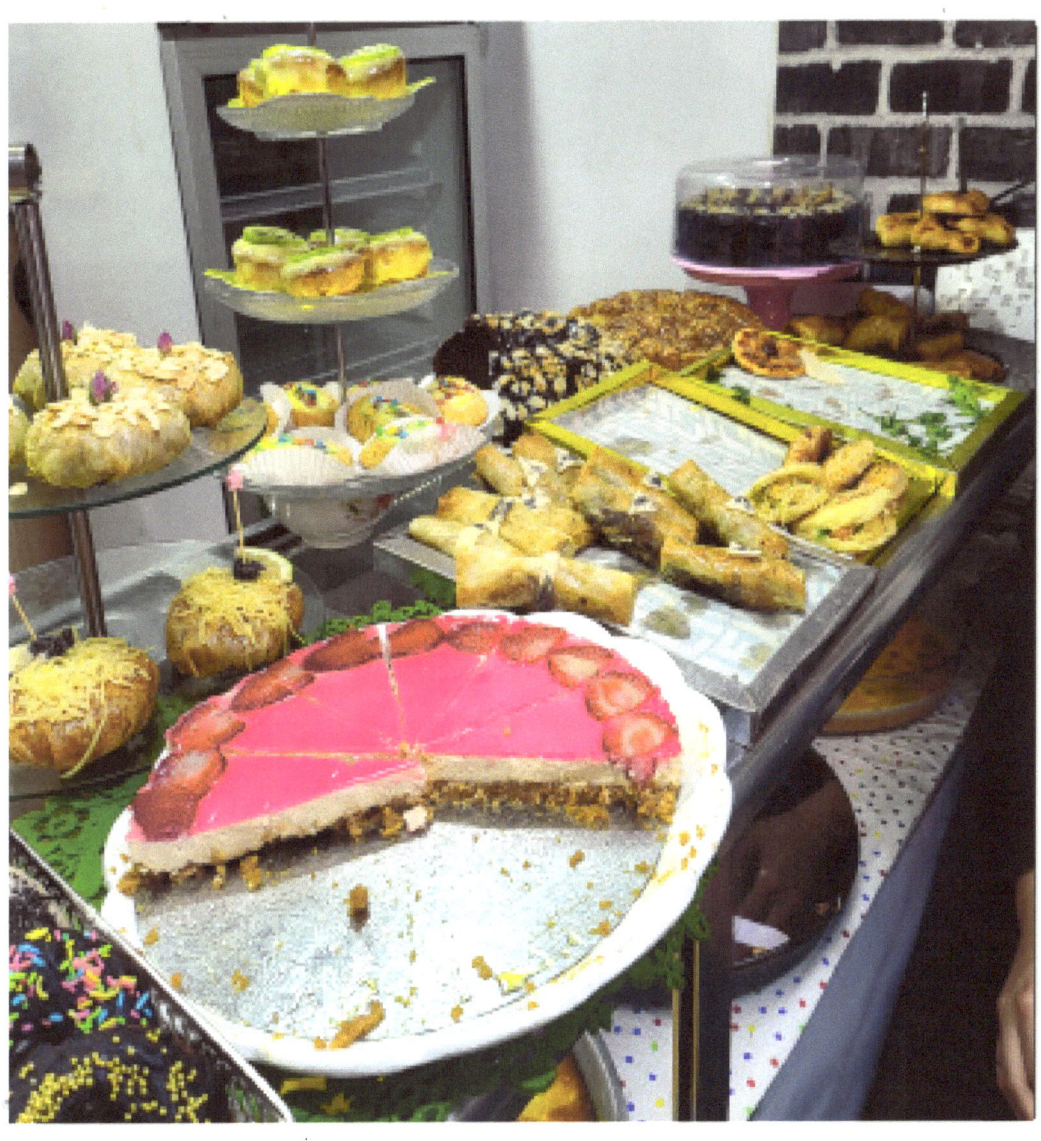

Desayuno temprano 3€

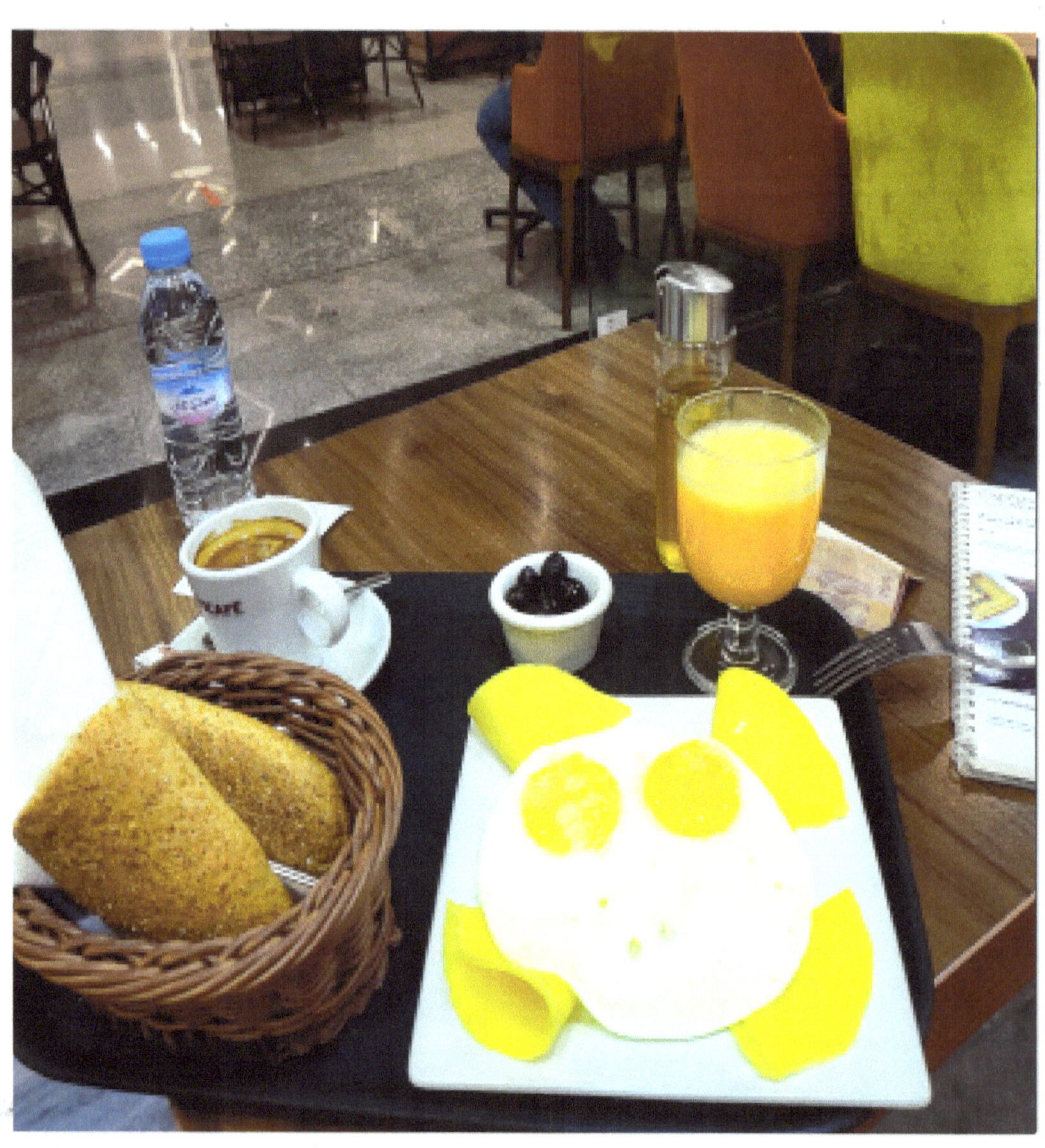

Pequeño callejón de la Casbah

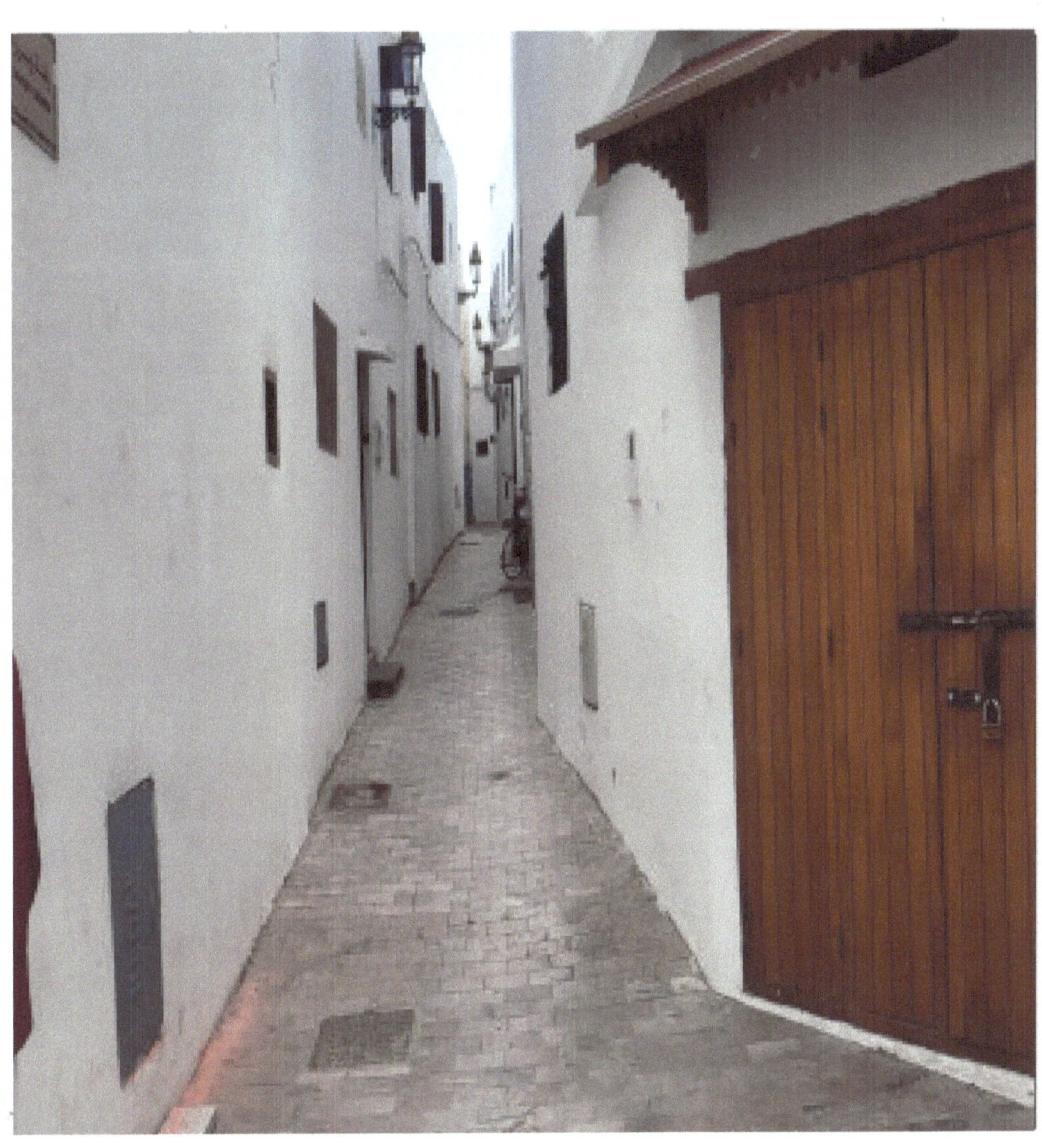

Estación Plaza de Rabat

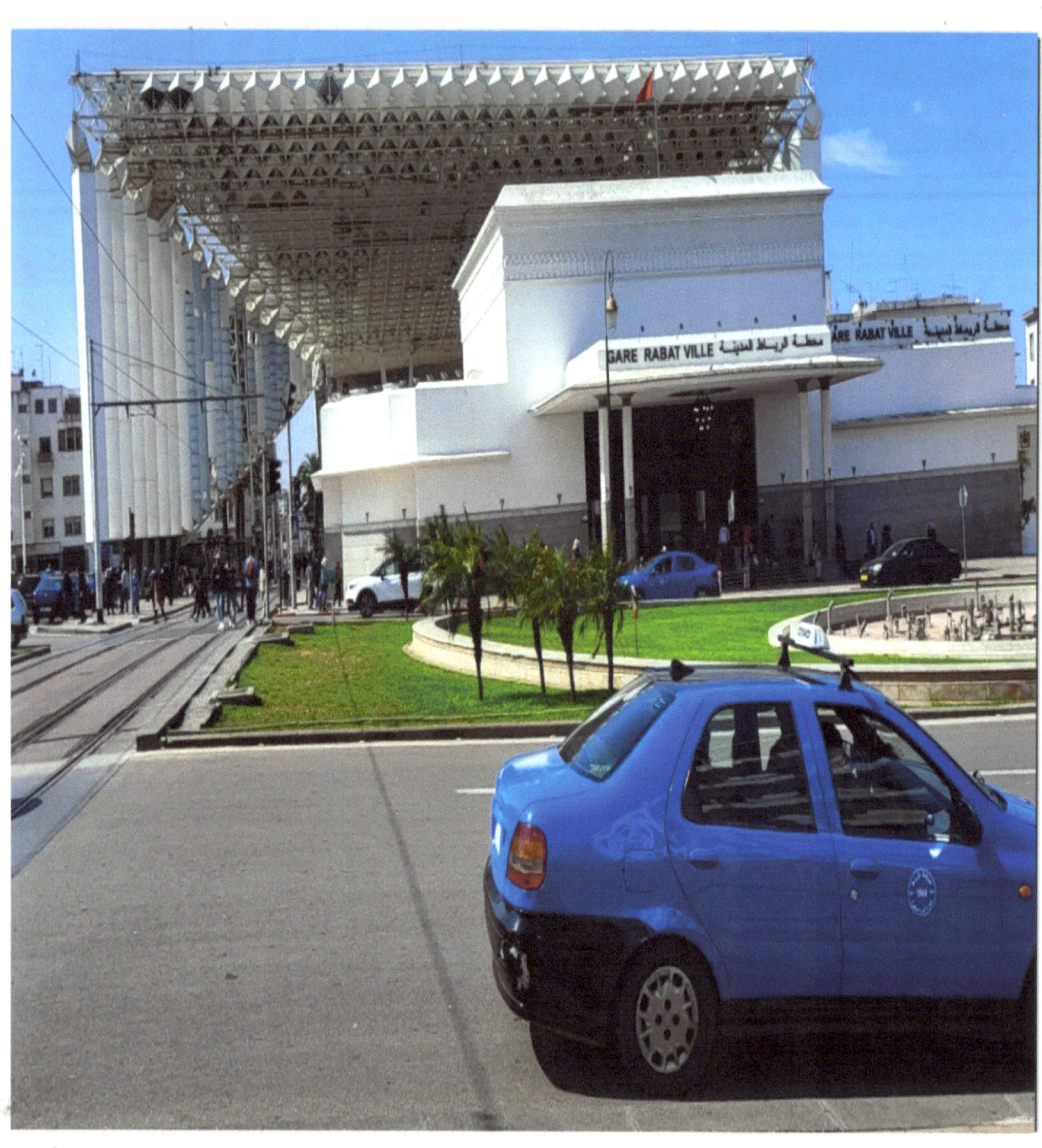

Estofado De Vientre De Ternera

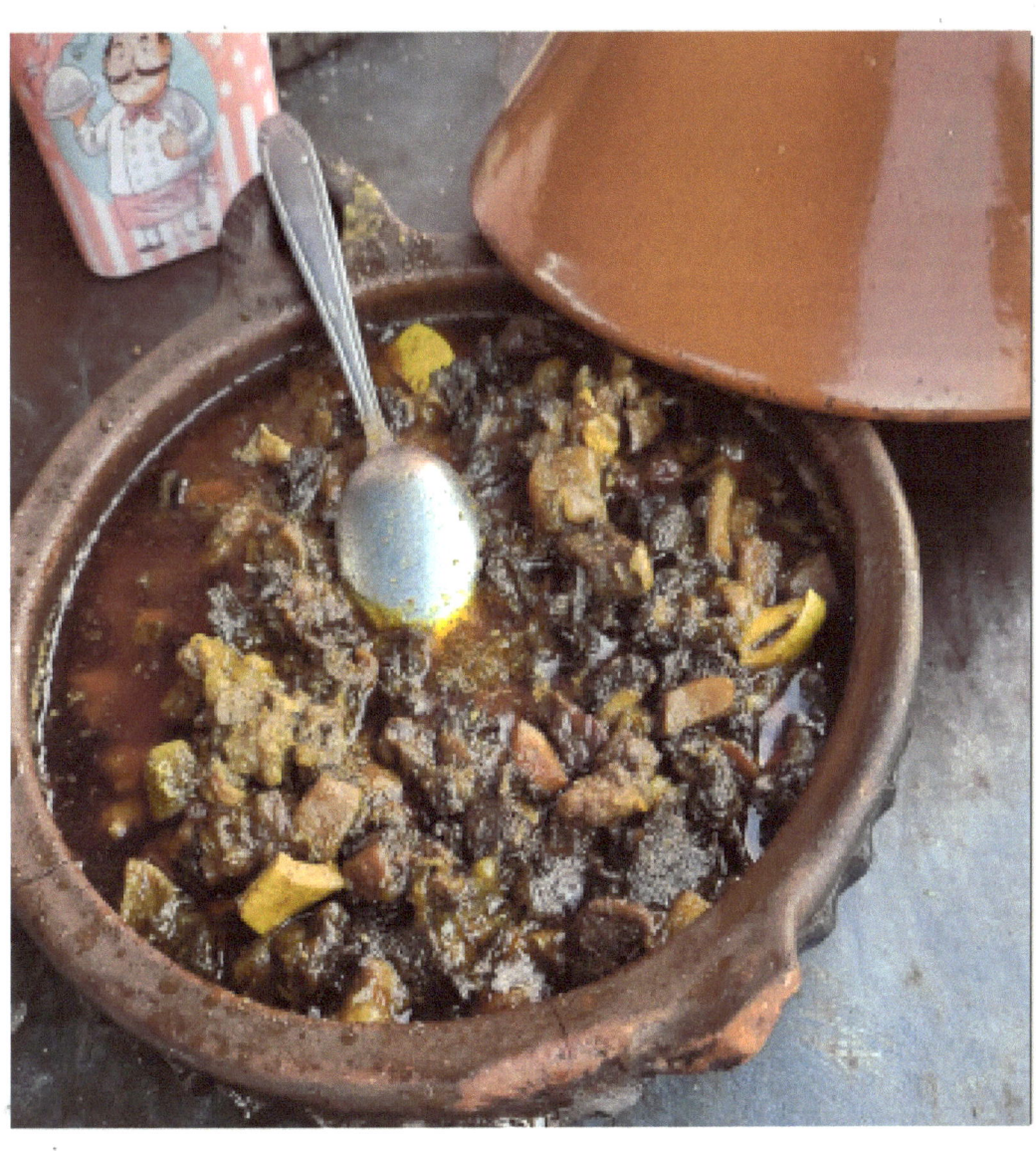

Callejón oscuro de Salé – Suburbio de Rabat

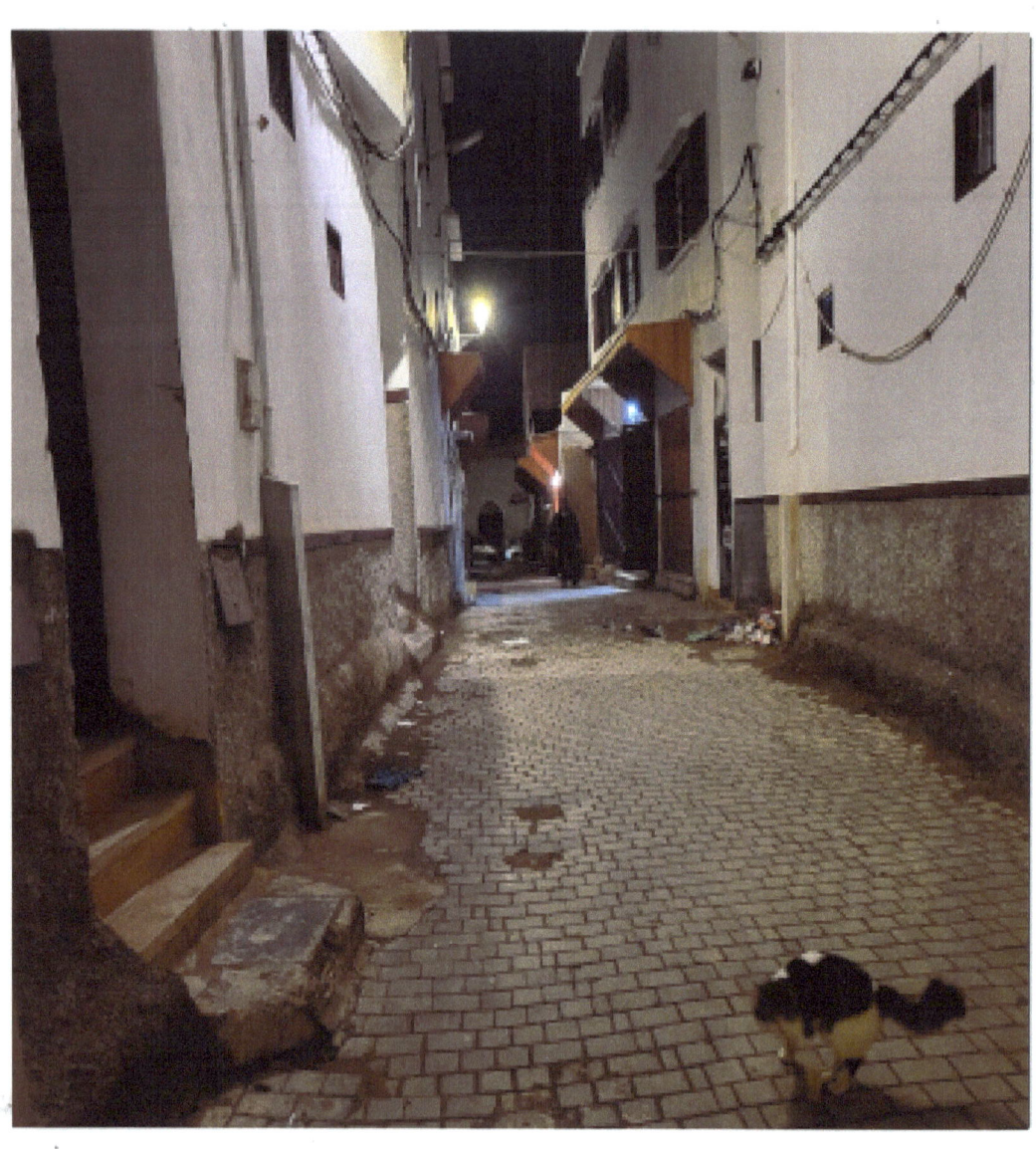

Sándwich Marroquí

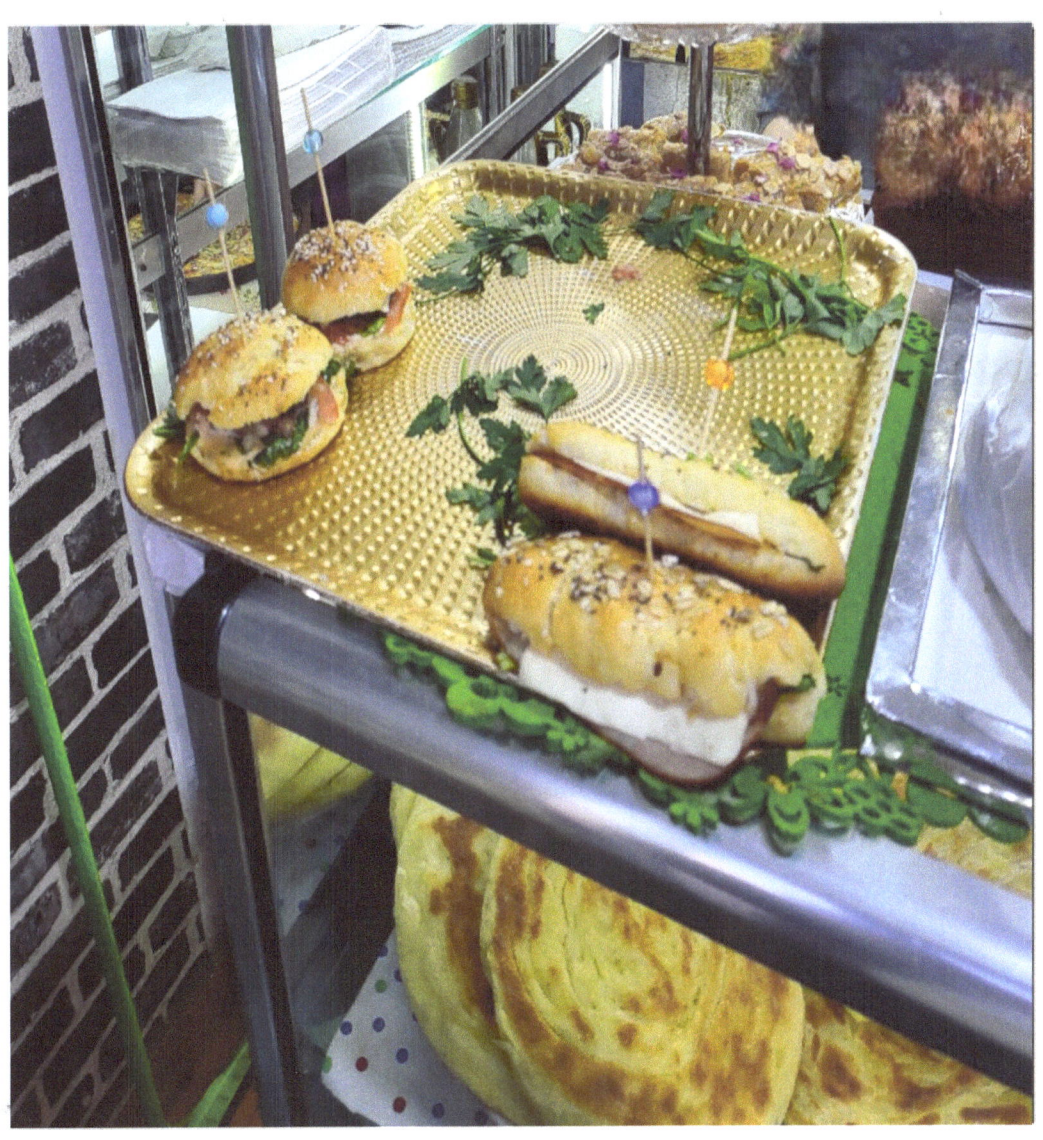

Bocadillo de ternera picada y bebida de patatas fritas −4€

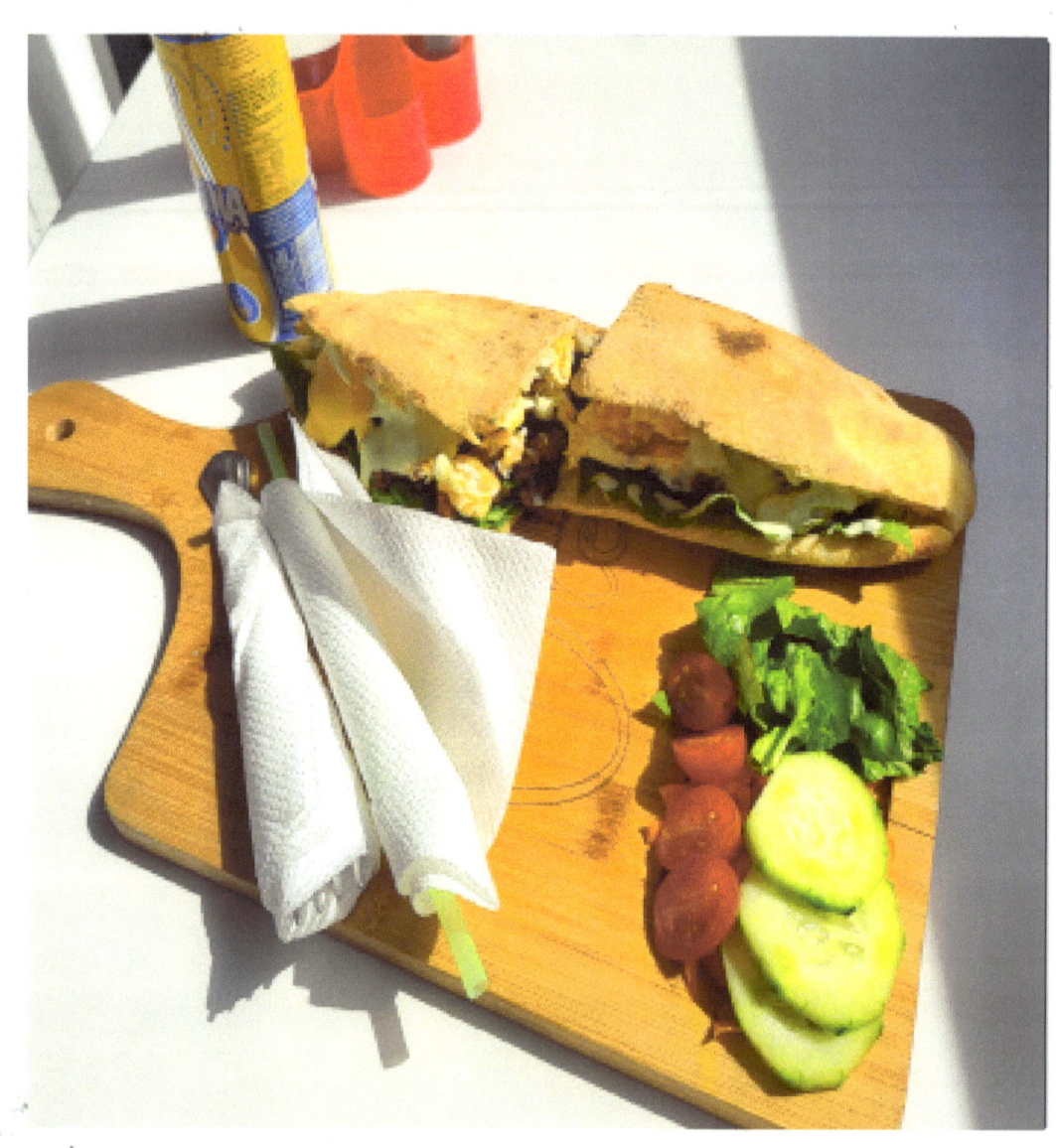

Estatua de chatarra en el museo de arte - distrito de Hassan

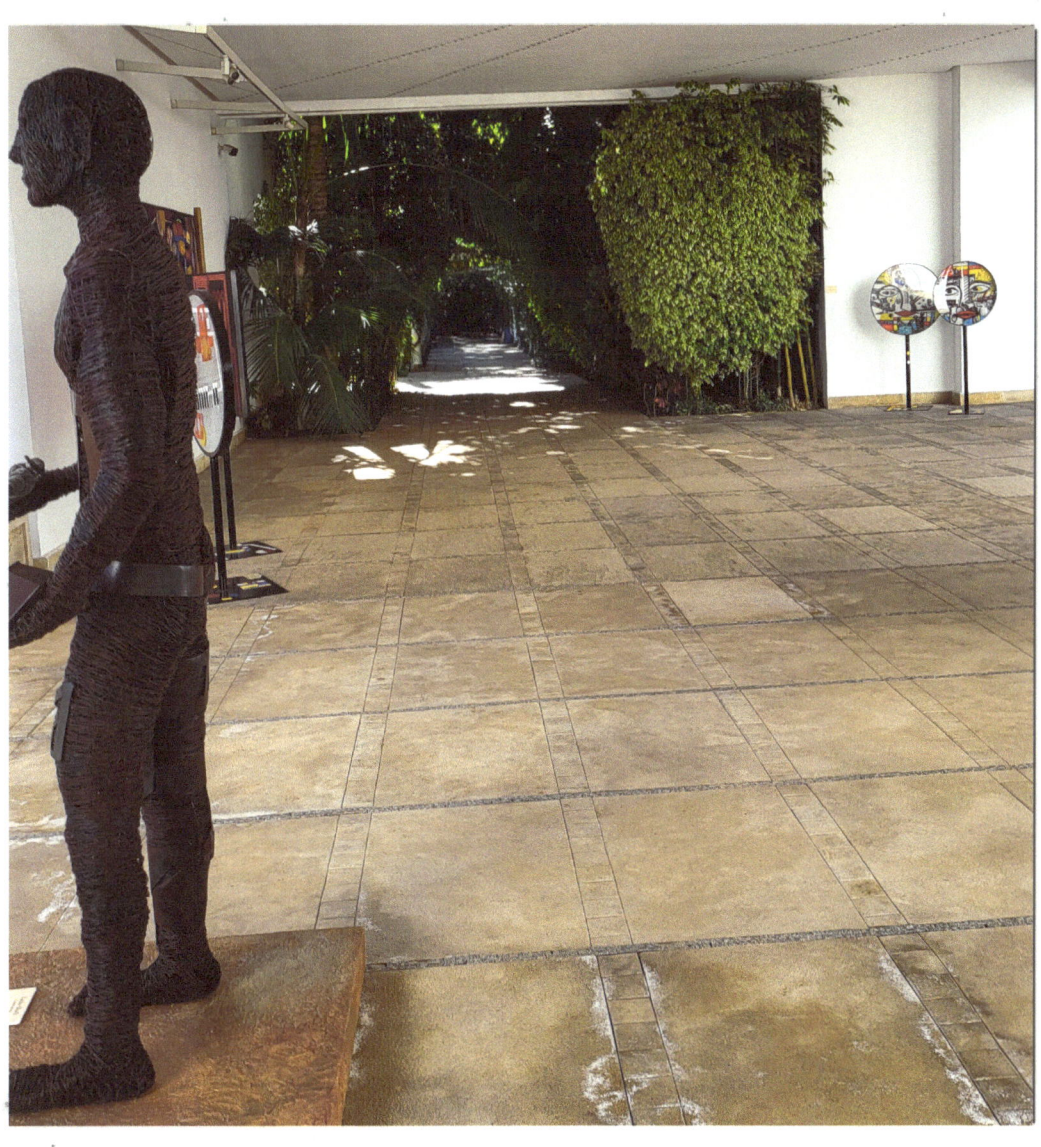

Tajín de pollo - 5,5€ con bebida

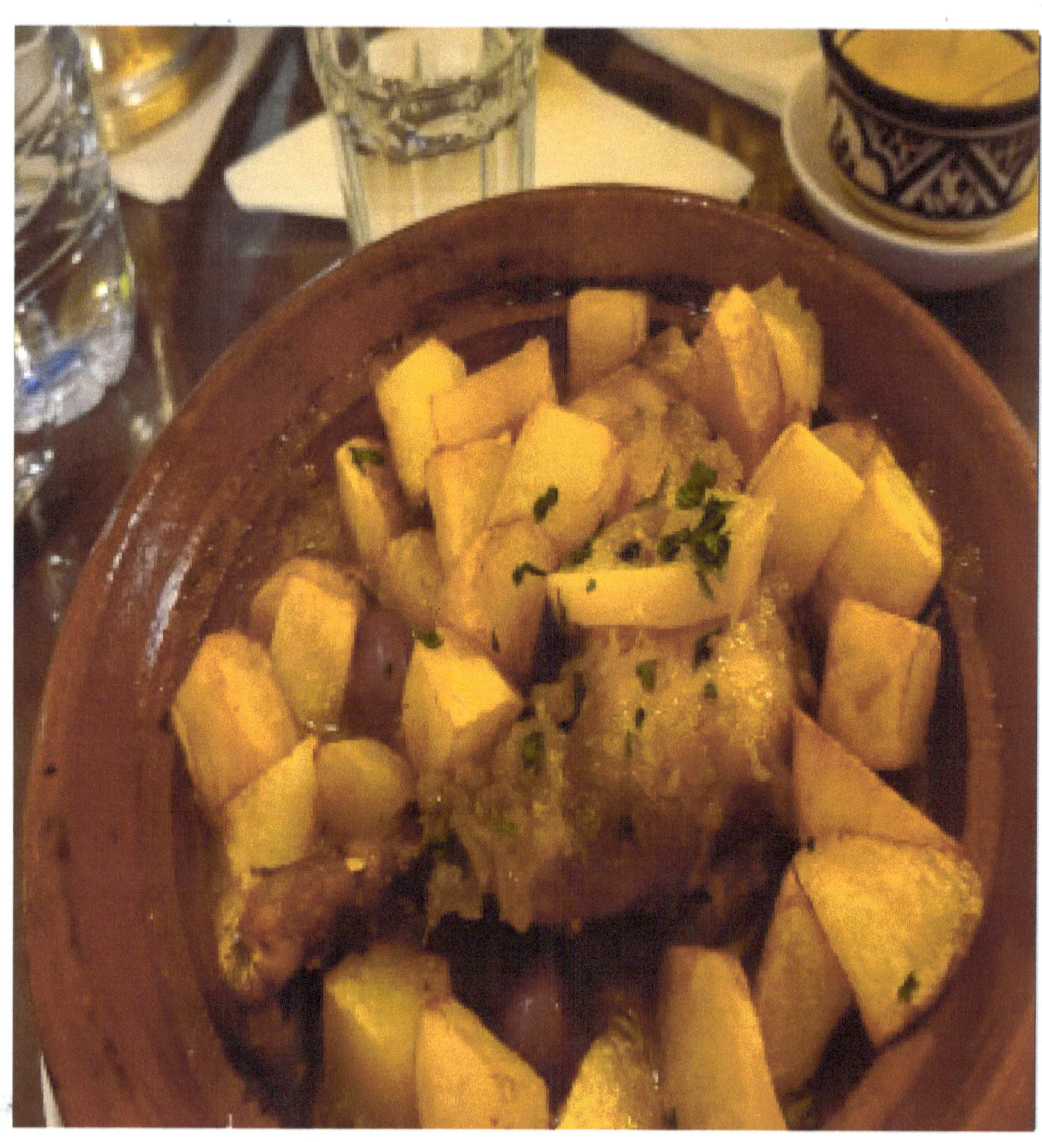

Tribunal judicial – distrito de Hassan

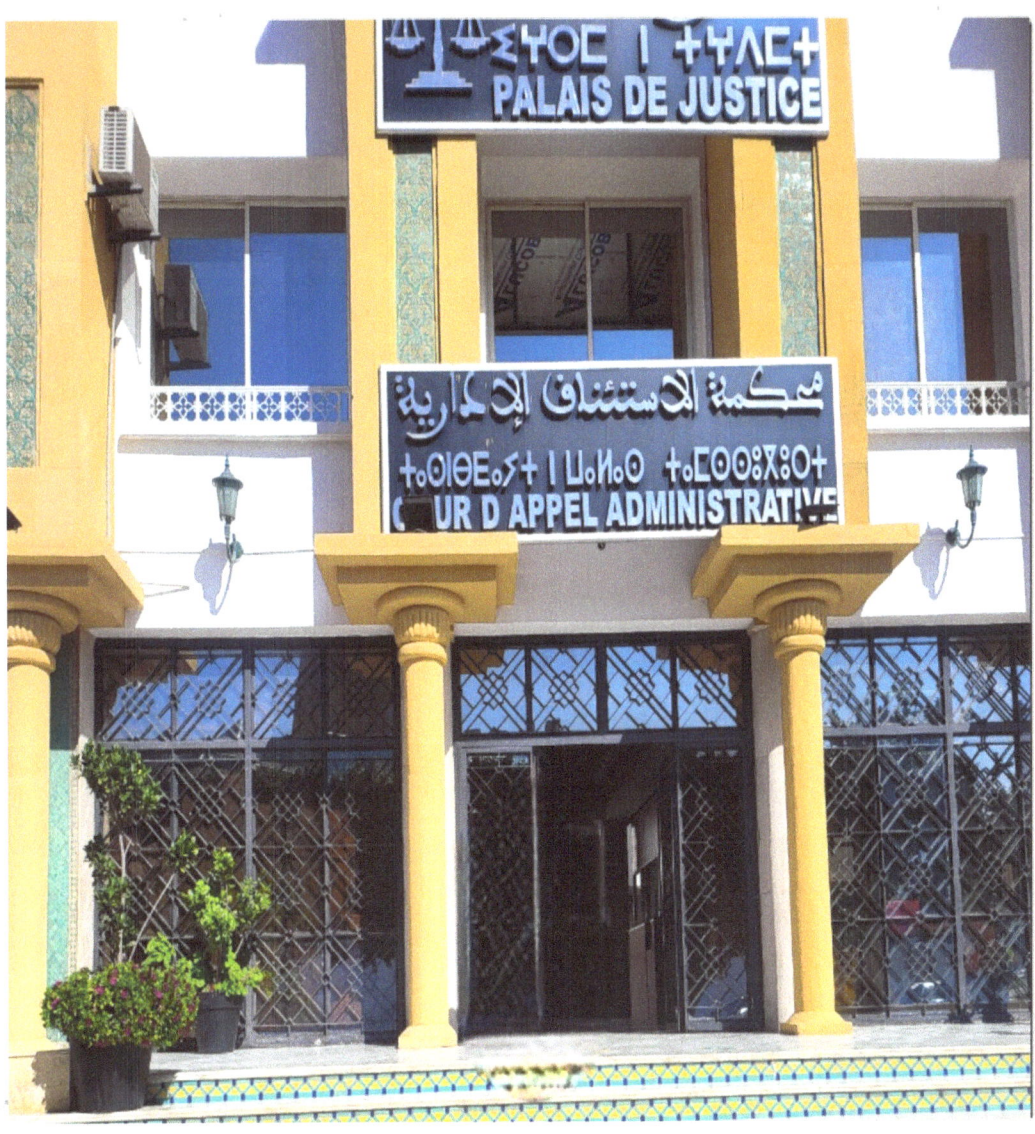

Un restaurante típico en Rabat

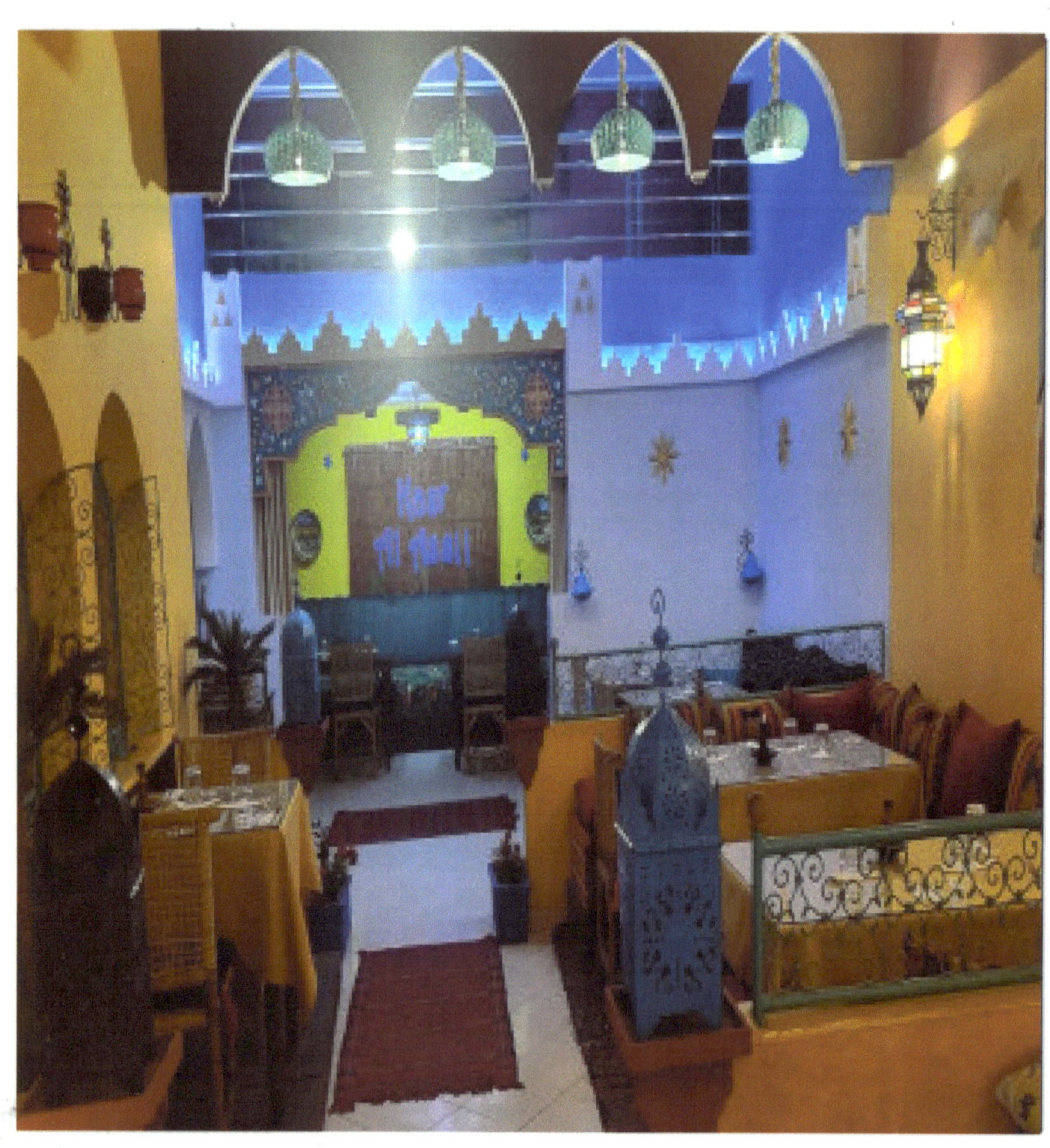

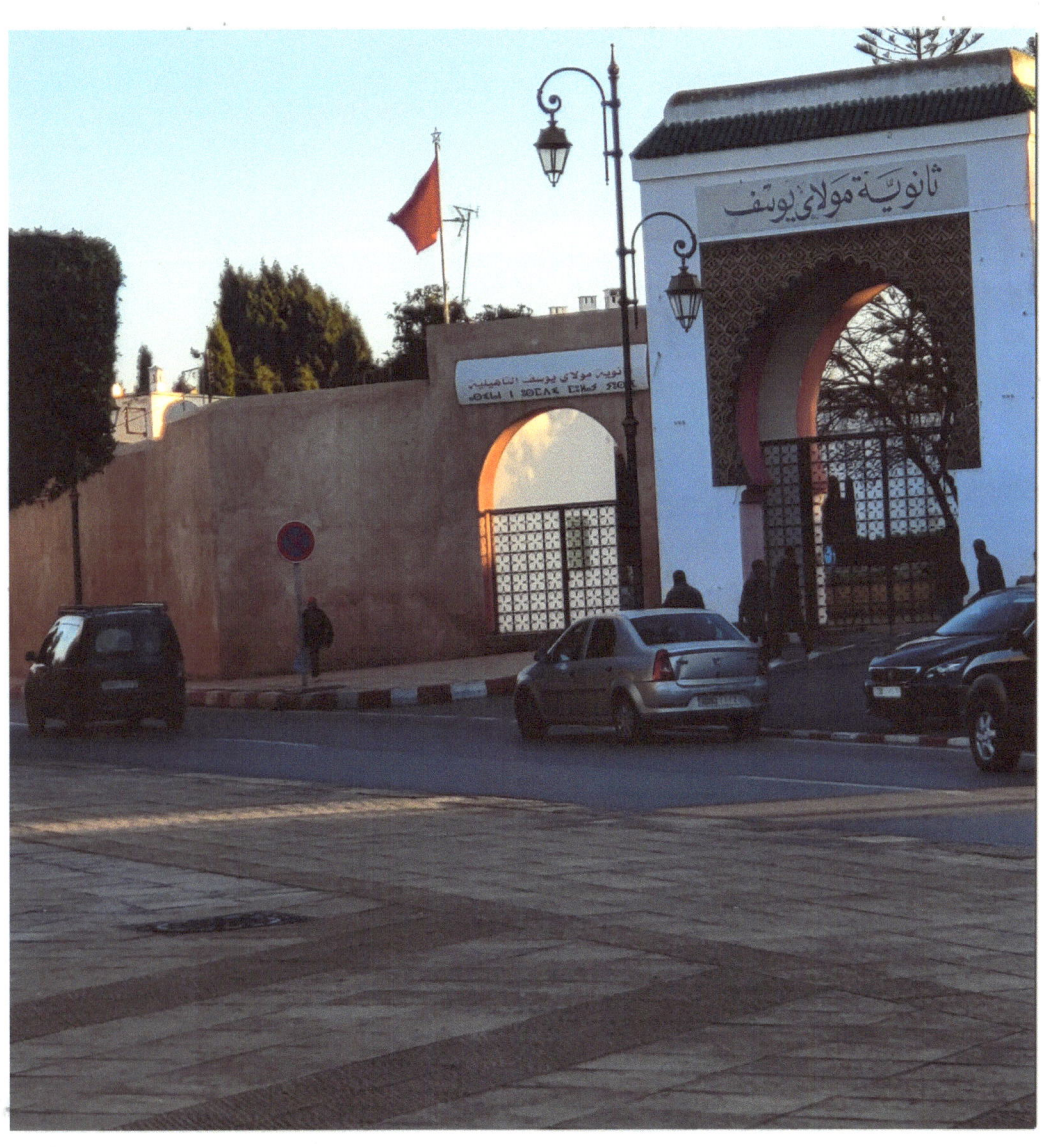

Una de las entradas al palacio real.

Una antigua puerta de la Casbah

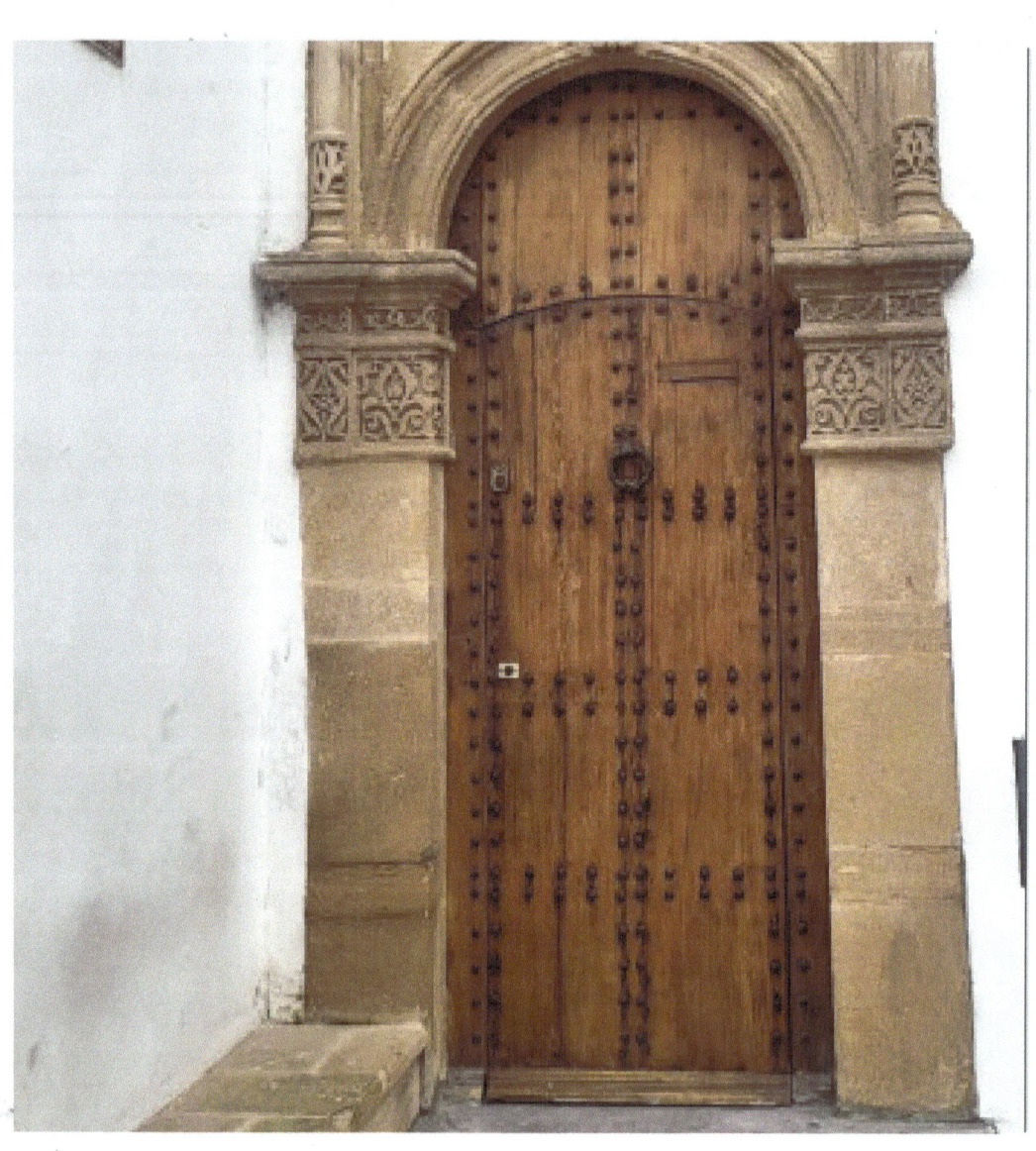